징검다리 교육연구소, 최순미 지음

바쁜

1·2학년을 위한

빠른 덧셈

한 권으로
총정리!

- 덧셈의 기초
- 받아올림이 없는 덧셈
- 받아올림이 있는 덧셈

이지스 에듀

지은이 징검다리 교육연구소, 최순미

징검다리 교육연구소는 바쁜 친구들을 위한 빠른 학습법을 연구하는 이지스에듀의 공부 연구소입니다.
아이들이 기계적으로 공부하지 않도록, 두뇌가 활성화되는 과학적 학습 설계가 적용된 책을 만듭니다.

최순미 선생님은 영역별 연산 훈련 교재로, 연산 시장에 새바람을 일으킨《바쁜 5·6학년을 위한 빠른 연산법》,《바쁜 3·4학년을 위한 빠른 연산법》,《바쁜 1·2학년을 위한 빠른 연산법》시리즈와 요즘 학교 시험 서술형을 누구나 쉽게 익힐 수 있는《나 혼자 푼다! 수학 문장제》시리즈를 집필한 저자입니다. 또한, 20년이 넘는 기간 동안 EBS, 디딤돌 등과 함께 100여 종이 넘는 교재 개발에 참여해 온, 초등 수학 전문 개발자입니다.

바쁜 친구들이 즐거워지는 빠른 학습법 - 바빠 연산법 시리즈(개정판)

바쁜 1, 2학년을 위한 빠른 덧셈

초판 발행 2021년 9월 15일
         (2014년 12월에 출간된 책을 새 교육과정에 맞춰 개정했습니다.)
초판 6쇄 2025년 10월 30일
지은이 징검다리 교육연구소, 최순미
발행인 이지연
펴낸곳 이지스퍼블리싱(주)
출판사 등록번호 제313-2010-123호
주소 서울시 마포구 잔다리로 109 이지스 빌딩 5층(우편번호 04003)
대표전화 02-325-1722   **팩스** 02-326-1723
이지스퍼블리싱 홈페이지 www.easyspub.com   **이지스에듀 카페** www.easysedu.co.kr
바빠 아지트 블로그 blog.naver.com/easyspub   **인스타그램** @easys_edu
페이스북 www.facebook.com/easyspub2014   **이메일** service@easyspub.co.kr

기획 및 책임 편집 김현주 | 박지연, 정지연, 이지혜   **교정 교열** 김정은
표지 및 내지 디자인 정우영   **그림** 김학수   **전산편집** 이츠북스   **인쇄** 보광문화사
영업 및 문의 이주동, 김요한(support@easyspub.co.kr)   **마케팅** 라혜주   **독자 지원** 박애림, 이세진, 김수경

잘못된 책은 구입한 서점에서 바꿔 드립니다.
이 책에 실린 모든 내용, 디자인, 이미지, 편집 구성의 저작권은 이지스퍼블리싱(주)과 지은이에게 있습니다.
허락 없이 복제할 수 없습니다.

ISBN 979-11-6303-264-9 64410
ISBN 979-11-6303-253-3(세트)
가격 9,800원

알찬 교육 정보도 만나고 출판사 이벤트에도 참여하세요!

1. 바빠 공부단 카페
cafe.naver.com/easyispub

2. 인스타그램
@easys_edu

3. 카카오 플러스 친구
이지스에듀 검색!

• **이지스에듀**는 이지스퍼블리싱의 교육 브랜드입니다.
 (이지스에듀는 아이들을 탈락시키지 않고 모두 목적지까지 데려가는 책을 만듭니다!)

"펑펑 쏟아져야 눈이 쌓이듯, 공부도 집중해야 실력이 쌓인다."

교과서 집필 교수, 영재교육 연구소, 수학 전문학원, 명강사들이 적극 추천하는 '바빠 연산법'

같은 영역끼리 모아서 집중적으로 연습하면 개념을 스스로 이해하고 정리할 수 있습니다. 이 책으로 공부하는 아이들이라면 수학을 즐겁게 공부하는 모습을 볼 수 있을 것입니다.

김진호 교수(초등 수학 교과서 집필진)

'바빠 연산법' 시리즈는 수학적 사고 과정을 온전하게 통과하도록 친절하게 안내하는 길잡이입니다. 이 책을 끝낸 학생의 연필 끝에는 연산의 정확성과 속도가 장착되어 있을 거예요!

호사라 박사(분당 영재사랑 교육연구소)

단순 반복 계산이 아닌 이해를 바탕으로 스스로 생각하는 힘을 길러 주는 연산 책입니다. 수학의 자신감을 키워 줄 뿐 아니라 심화·사고력 학습에도 도움을 줄 것입니다.

박지현 원장(대치동 현수학학원)

덧셈 뺄셈의 속도와 정확성이 살짝만 부족해도, 고학년 연산에서 계산이 느리고 부정확한 경우를 자주 봅니다. 바빠 연산법이 짧은 시간 안에 덧셈 뺄셈의 빈 구멍을 메꾸어 줄 것입니다.

김종명 원장(분당 GTG수학 본원)

초등 저학년 때 수학의 기초가 되는 덧셈 뺄셈에 대한 총정리가 꼭 필요한데, 이 책이 안성맞춤이네요. 개념 설명도 담겨 있어 기초가 부족한 학생들에게 '강력 추천' 합니다.

정경이 원장(하늘교육 문래학원)

아이들을 공부 기계로 보지 않는 책, 그래서 단순 반복은 없지요. 쉬운 내용은 압축, 어려운 내용은 충분히 연습하도록 구성해 학습 효율을 높인 '바빠 연산법'을 적극 추천합니다.

한정우 원장(일산 잇츠수학)

수학 공부라는 산을 정상까지 오른다는 점은 같지만, 어떻게 오르느냐에 따라 걸리는 노력과 시간에도 큰 차이가 있죠. 수학이라는 산에 가장 빠르고 쉽게 오르도록 도와줄 책입니다.

김민경 원장(더원수학)

빠르게, 하지만 충실하게 연산의 이해와 연습이 가능한 교재입니다. 수학이 어렵다고 느끼지만 어디부터 시작해야 할지 모르는 학생들에게 '바빠 연산법'을 추천합니다.

남신혜 선생(서울 아카데미)

덧셈 뺄셈은 '완벽' 해야 합니다.

덧셈과 뺄셈의 능숙함이 앞으로의 수학을 좌우합니다.

수학 실력을 좌우하는 첫걸음, 덧셈과 뺄셈

초등 수학의 80%는 연산으로 그 비중이 매우 높습니다. 그런데 수학 문제를 풀 때 기초 계산이 느리면 문제를 풀 때마다 두뇌는 쉽게 피로를 느끼게 됩니다. 그래서 수학은 사칙연산부터 완벽하게 끝내야 합니다. 연산이 능숙하지 않은데 진도만 나가는 것은 모래 위에 성을 쌓는 것과 같습니다. 연산 중에서도 1, 2학년에서 배우는 덧셈과 뺄셈은 그냥 할 줄 아는 정도가 아니라 아주 숙달되어야 합니다. 덧셈과 뺄셈이 수학 실력을 좌우하는 첫걸음이 되기 때문입니다.

"사고력을 키운다고 해서 연산 능력이 저절로 키워지지는 않는다!"

학원에 다니는 상위 1% 학생도 계산력이 부족하면 진도와는 별도로 연산이 완벽해지도록 훈련을 시킵니다.

수학 경시대회 1등 한 학생을 지도한 원장님조차도 "연산 능력은 수학 진도를 선행한다거나, 사고력을 키운다고 해서 저절로 해결되지 않습니다. 계산 능력에 관한 한, 무조건 훈련 또 훈련을 반복해서 숙달되어야 합니다. 연산이 먼저 해결되어야 문제 해결력을 높일 수 있거든요."(성균관대 수학경시 대상 수상 학생을 지도한 최정규 원장)라고 말합니다.

덧셈과 뺄셈이 흔들리면 곱셈과 나눗셈도 느려집니다. 안 되는 연산에 집중해서 시간을 투자해 보세요.

**영역별로 훈련하면
개념을 스스로
이해하고
정리할 수 있다!**

또한, 한 연산 안에서 체계적인 학습이 진행되어야 합니다. 예를 들어 덧셈을 할 때 받아올림이 없는 덧셈도 능숙하지 않은데, 받아올림이 있는 덧셈을 연습하면 연산이 아주 힘들게 느껴질 수밖에 없습니다.

초등 교과서는 '수와 연산', '도형', '측정', '확률과 통계', '규칙성'의 5가지 영역을 배웁니다. 자기 학년의 수학 과정을 공부하는 것도 중요하지만, 연산을 먼저 챙기는 것이 가장 중요합니다. 연산은 나머지 수학 분야에 영향을 미치니까요.

만약 받아올림에서 실수하는 등 덧셈이 취약하다면 덧셈부터 집중해서 해결해 보세요. 같은 영역끼리 모아서 집중적으로 연습하면 개념을 스스로 이해하고 정리할 수 있습니다. 방학과 같이 집중할 수 있는 시간이 주어졌을 때 자신이 약하다고 생각하는 영역을 단기간 집중적으로 훈련하여 보강해 보는 건 어떨까요?

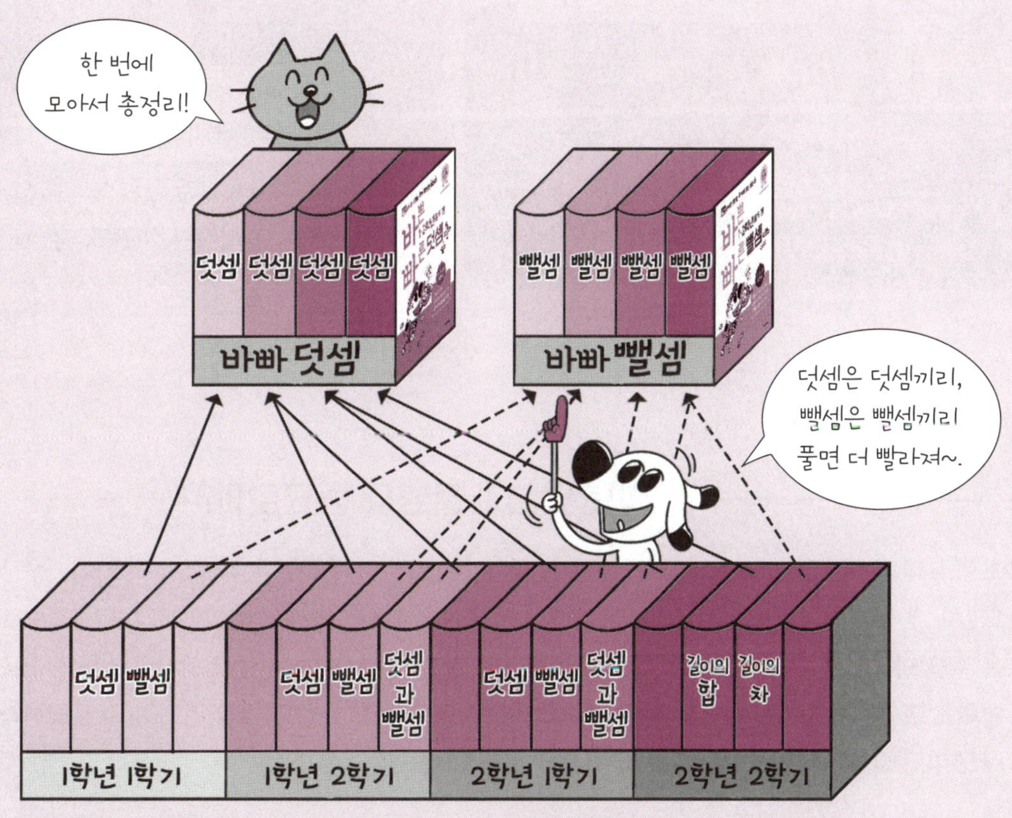

덧셈만, 또는 뺄셈만 한 권으로 모아서 집중 훈련하면 효율적!

**펑펑 쏟아져야
눈이 쌓이듯,
공부도 집중해야
실력이 쌓인다!**

눈이 쌓이는 걸 본 적이 있나요? 눈이 오다 말면 모두 녹아 버리지만, 펑펑 쏟아지면 차곡차곡 바닥에 쌓입니다. 공부도 마찬가지입니다. 며칠에 한 단계씩, 찔끔찔끔 공부하면 배운 게 쌓이지 않고 눈처럼 녹아 버립니다. 집중해서 펑펑 공부해야 실력이 차곡차곡 쌓입니다.

'바빠 연산법' 시리즈는 한 권에 22단계씩 모두 2권으로 구성되어 있습니다. 몇 달에 걸쳐 푸는 것보다 하루에 1~2단계씩 10~20일 안에 푸는 것이 효율적입니다. 집중해서 공부하면 전체 맥락을 쉽게 이해할 수 있어서 한 권을 모두 푸는 데 드는 시간도 줄어들 것입니다. 어느 '하나'에 단기간 몰입하여 익히면 그것에 통달하게 되거든요.

10~20일 안에 풀면 한 권을 푸는 데 드는 시간도 줄어듭니다.

● 1, 2학년 덧셈과 뺄셈 왜 중요할까? ●

초등 수학의 핵심인 자연수의 사칙연산을 완벽하게 이해하지 못하면 분수, 소수의 사칙연산은 물론이고, 도형이나 측정 영역에서도 흔들립니다. 사칙연산에서도 기본은 덧셈과 뺄셈입니다. 기본적으로 곱셈은 같은 수를 반복해서 더하는 것이고, 나눗셈은 같은 수를 반복해서 빼는 것을 말합니다. 이처럼 덧셈과 뺄셈을 잘하는 아이들은 곱셈과 나눗셈도 수월하게 배울 수 있습니다. 수학의 가장 기본이 되는 덧셈과 뺄셈의 연산 원리만 잘 이해해도 탄탄한 실력으로 응용력도 강해집니다.

학원 선생님과
독자의 의견 덕분에 더 좋아졌어요!

'바빠 연산법'이 개정 교육과정을 반영해 새롭게 나왔습니다. 이번 판에서는 '바빠 연산법'을 이미 풀어 본 학생, 학부모, 학원 선생님들의 의견을 받아 학습 효과를 더욱 높였습니다. 이를 위해 학생이 직접 푼 교재 30여 권을 다시 수거해 아이들이 어떻게 풀었는지, 어느 부분에서 자주 틀렸는지 등의 실제 학습 패턴을 파악했습니다. 또한 아이의 학습을 어떻게 진행했는지 학부모, 학원 선생님들과 소통했습니다. 이렇게 독자 여러분의 생생한 의견을 종합해 '진짜 효과적인 방법', '직접 도움을 주는 방향'으로 구성했습니다.

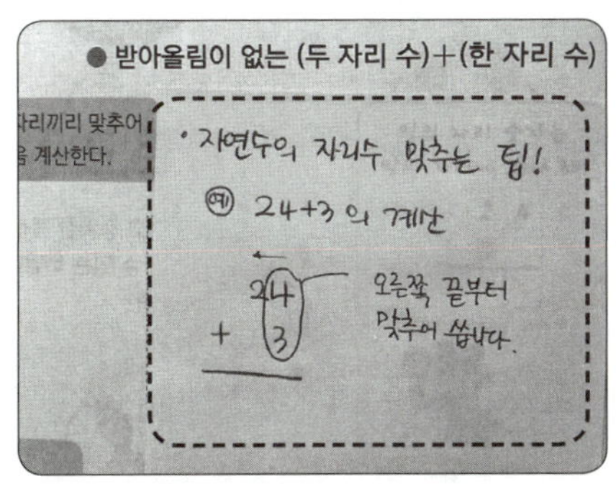

수학학원 원장님에게 받은 꿀팁 수록!

실제 독자가 푼 '바빠 연산법' 책을 통해 학습 패턴 파악!

☆ 우리 집에서도 진단 평가 후 맞춤 학습 가능!

집에서도 현재 아이의 학습 상태를 정확하게 진단하고, 맞춤형 학습 계획을 세우고 싶다는 학부모님의 의견을 반영하여, 수학 학원 원장님들이 자주 쓰는 진단 평가 방식을 적용했습니다.

▶▶▶ 13쪽

☆ 쉬운 부분은 빠르게 훑고, 어려운 내용은 더 많이 연습하는 탄력적 배치!

기계적으로 반복하는 연산 문제는 풀기 싫어한다는 의견을 적극 반영하여, 간단한 연습만으로도 충분한 단계는 3쪽으로, 더 많은 연습이 필요한 단계는 4쪽으로 확대하여 더욱 탄력적으로 구성했습니다. 기계적인 반복 훈련을 배제하여 같은 시간을 들여도 더 효율적으로 공부할 수 있습니다.

선생님이 바로 옆에 계신 듯한 설명

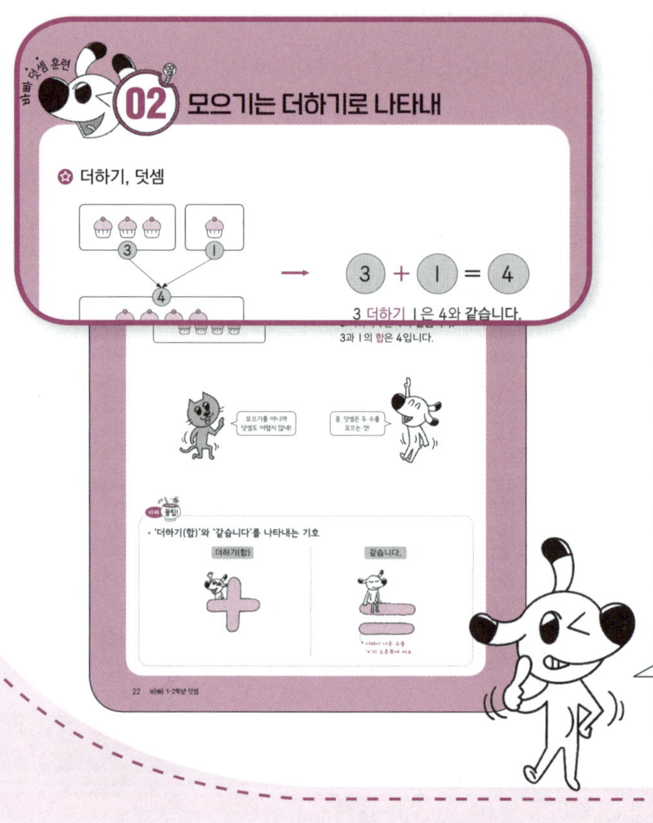

무조건 풀지 않는다! 개념을 보고 '느낌 알면서~.'

개념을 바르게 이해하지 못한 채 생각 없이 문제만 풀다 보면 어느 순간 벽에 부딪힐 수 있어요. 기초 체력을 키우려면 영양소를 골고루 섭취해야 하듯, 연산도 훈련 과정에서 개념과 원리를 함께 접해야 기초를 건강하게 다질 수 있답니다.

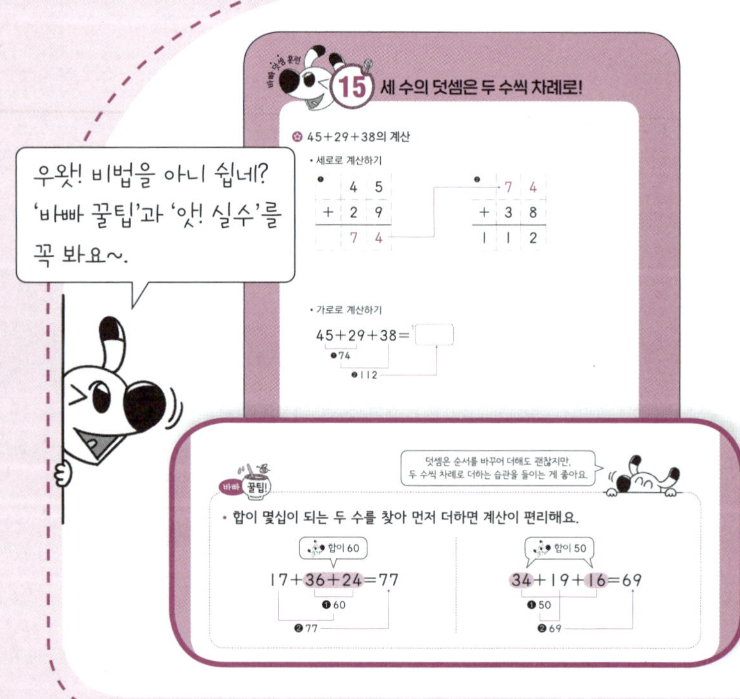

책 속의 선생님! '바빠 꿀팁'과 '앗! 실수'로 선생님과 함께 푼다!

수학 전문학원 원장님들의 의견을 받아 책 곳곳에 친절한 도움말을 담았어요. 문제를 풀 때 알아두면 좋은 '바빠 꿀팁'부터 실수를 줄여 주는 '앗! 실수'까지! 혼자 푸는데도 선생님이 옆에 있는 것 같아요!

종합 선물 같은 훈련 문제

실력을 쌓아 주는 바빠의 '작은 발걸음' 방식!

쉬운 내용은 빠르게 학습하고, 어려운 부분은 더 많이 훈련하도록 구성해 학습 효율을 높였어요. 또한 조금씩 수준을 높여 도전하는 바빠의 '작은 발걸음 방식(small step)'으로 몰입도를 높였어요.

다양한 문제로 이해하고, 내 것으로 만드니 자신감이 저절로!

단순 계산력 문제만 연습하고 끝나지 않아요. 쉬운 생활 속 문장제와 사고력 문제를 완성하며 개념을 정리하고, 한 마당이 끝날 때마다 섞어서 연습하고, 게임처럼 즐겁게 마무리하는 종합 문제까지!

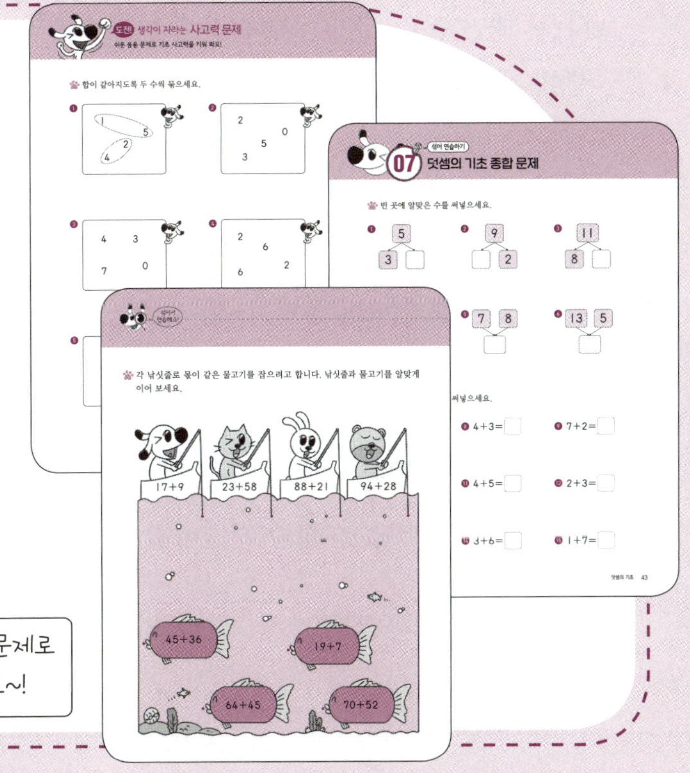

1·2학년 바빠 연산법,
집에서 이렇게 활용하세요!

'바빠 연산법 1·2학년' 시리즈는 앞으로의 수학 실력을 좌우하는 첫걸음이 될 덧셈과 뺄셈을 각각 한 권으로 정리한 영역별 연산 시리즈입니다. 각 책은 총 22단계, 각 단계마다 10~20분 내외로 풀도록 구성되어 있습니다.

☆ 연산이 어려운 친구라면?

'바빠 연산법'의 '덧셈 → 뺄셈' 순서로 개념부터 공부하기를 권합니다.

개념을 먼저 이해한 다음 문제를 풀면 연산의 재미와 성취감을 느끼게 될 거예요. 그런 다음, 내가 틀린 문제는 연습장에 따로 적어 한 번 더 반복해서 풀어 보세요. 덧셈과 뺄셈에 자신감이 생길거예요.

☆ 덧셈은 쉬운데 뺄셈이 어려운 친구라면?

덧셈 진단 평가 결과, 100점이고 2분 안에 풀었다면 '뺄셈'만 풀어도 좋습니다. 또 뺄셈 진단 평가 결과, 100점이고 2분 안에 풀었다면 바빠 연산법 1·2학년용을 안 봐도 좋습니다.

하지만 속도와 정확성을 한 번 더 향상시키고 싶다면 '덧셈'과 '뺄셈' 모두 난도가 높은 'B, C 단계 문제'와 '도전! 땅 짚고 헤엄치는 문장제', '도전! 생각이 자라는 사고력 문제' 그리고 '셋째 마당'을 집중 훈련하길 권합니다.

▶ '바빠 공부단 카페(cafe.naver.com/easyispub)'에서 수학, 영어 등 바빠 선생님의 도움을 받으며 공부할 수 있습니다.

바빠 수학,
학원에서는 이렇게 활용해요!

도움말: 더원수학 김민경 원장(네이버 '바빠 공부단 카페' 바빠쌤)

☆ 학습 결손 해결, 1:1 맞춤 보충 교재는? '바빠 연산법'

'바빠 연산법은' 영역별로 집중 훈련하도록 구성되어, 학생별 1:1 맞춤 수업 교재로 사용합니다. 분수가 부족한 학생은 분수로 빠르게 결손을 보강하고, 기초 연산 실력이 부족한 친구들은 덧셈, 뺄셈, 곱셈, 나눗셈 등 기본 연산부터 훈련합니다. 부족한 부분만 핀셋으로 콕! 집듯이 공부할 수 있어 좋아요! 숙제나 보충 교재로 활용한다면 기존 수업 방식에 큰 변화 없이도 부족한 연산 결손을 보강할 수 있어 활용도가 높습니다.

☆ 다음 학기 선행은? '바빠 교과서 연산'

'바빠 교과서 연산'은 학기 중 진도 따라 풀어도 좋은 책입니다. 그리고 방학 동안 다음 학기 선행을 준비할 때도 큰 도움이 됩니다. 일단 쉽기 때문입니다. 교과서 순서대로 빠르게 공부할 수 있어 짧은 방학 동안 부담 없이 학습할 수 있습니다. 첫 번째 교과 수학 선행 책으로 추천합니다.

☆ 서술형 대비는? '나 혼자 푼다! 수학 문장제'

연산 영역을 보강한 학생 중 서술형을 어려워하는 학생은 마지막에 꼭 '나 혼자 푼다! 수학 문장제'를 추가로 수업합니다. 학교 교과 수준의 어렵지도 쉽지도 않은 딱 적당한 난이도라, 공부하기 좋아요. 다양한 꿀팁과 친절한 설명이 담겨 있는 시리즈로, 학생 혼자서도 충분히 풀 수 있어 숙제로 내주기도 합니다.

차례

바쁜 1·2학년을 위한 빠른 덧셈

덧셈 진단 평가

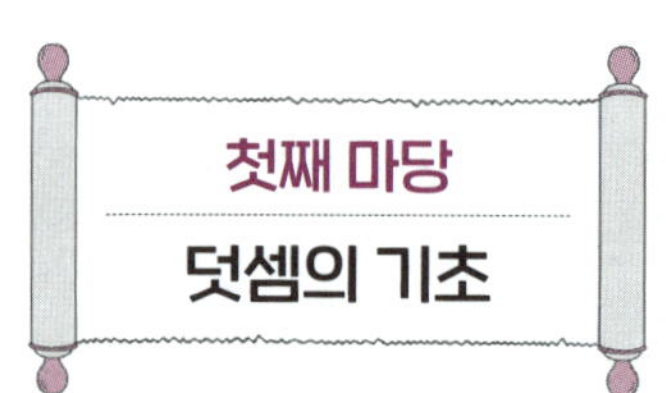

01	모으면 커지고, 가르면 작아진다!	18
02	모으기는 더하기로 나타내	22
03	큰 수도 모으는 방법은 같아	26
04	이해하면 술술 풀리는 덧셈의 법칙	30
05	세 수의 덧셈은 두 수씩 차례로!	34
06	받아올림이 없는 덧셈은 쉬워	38
07	덧셈의 기초 종합 문제	43

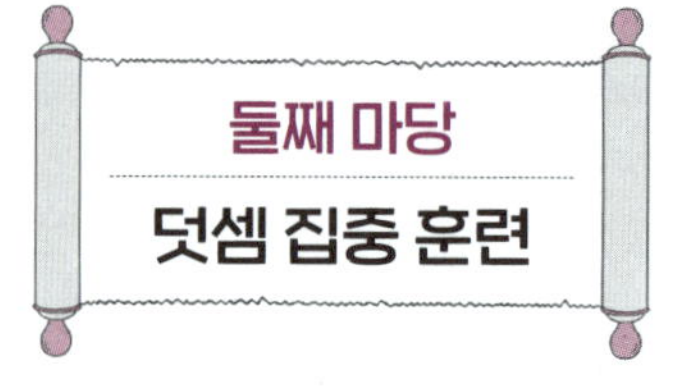

08	10을 만들어 더하면 받아올림도 쉬워!	48
09	일의 자리의 10은 십의 자리의 1과 같아	52
10	10이 되면 그 수는 1로 받아올림 해	56
11	아래에서 10은 위에서 1	61
12	십의 자리의 10은 백의 자리의 1과 같아	66
13	받아올림을 쓸 땐 항상 1	71
14	받아올림한 수 잊지 않기!	76
15	세 수의 덧셈은 두 수씩 차례로!	80
16	덧셈 집중 훈련 종합 문제	84

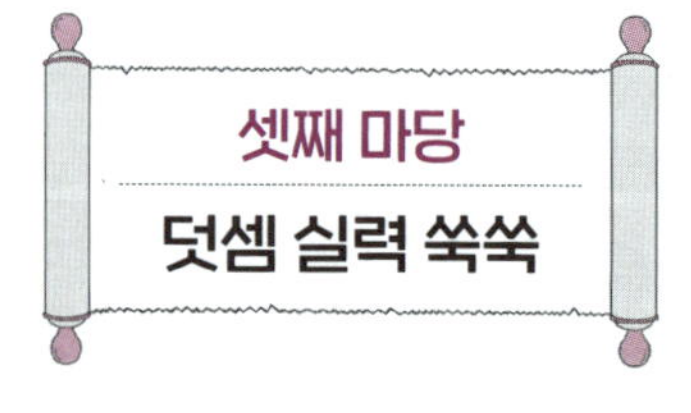

17	덧셈, 자릿수가 늘어나도 괜찮아	90
18	세 자리 수 덧셈까지 도전!	94
19	여러 가지 방법으로 더할 수 있어	98
20	원리만 알면 몇백, 몇천도 만들기 쉬워	102
21	덧셈 실력을 키우는 빈칸 채우기	106
22	덧셈 실력 쑥쑥 종합 문제	110

정답		115

진단 평가

'차근차근 문제를 풀어 더 정확하게 확인하겠다!' 면 20문항을 모두 풀고,
'빠르게 확인하고 계획을 세울 자신이 있다!' 면 짝수 문항만 풀어 보세요.

내 실력은 어느 정도일까?

10분 진단

평가 문항: 20문항

1학년은 풀지 않아도 됩니다.
➔ 바로 20일 진도로 진행!

진단할 시간이 부족하다면?

5분 진단

평가 문항: 10문항

학원이나 공부방 등에서
진단 시간이 부족할 때 사용!

 시계가 준비 됐나요?
자! 이제, 제시된 시간 안에 진단 평가를 풀어 본 후
16쪽의 '권장 진도표'를 참고하여 공부 계획을 세워 보세요.

🐾 빈칸에 알맞은 수를 써넣으세요.

❶ 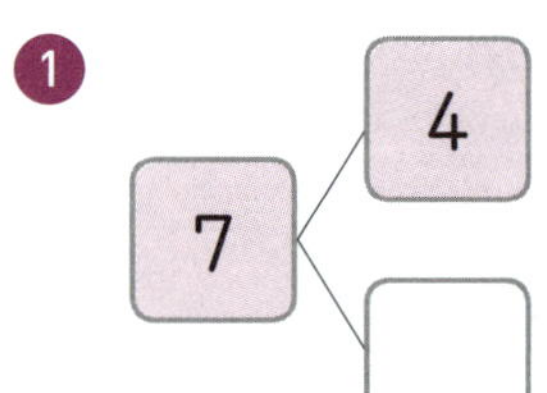

② 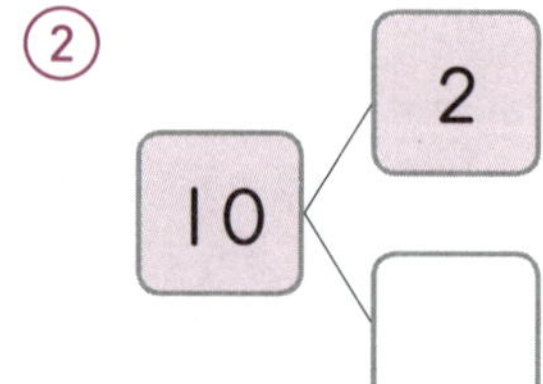

🐾 덧셈을 하세요.

❸ $5+3=$

④ $7+2=$

❺ $5+8=$

⑥ $9+6=$

❼ $4+3+7=$

⑧ $2+8+4=$

❾
$$\begin{array}{r} 4\,2 \\ +\ \ 6 \\ \hline \end{array}$$

⑩
$$\begin{array}{r} 1\,5 \\ +6\,4 \\ \hline \end{array}$$

🐾 덧셈을 하세요.

⑪
$$\begin{array}{r} 2\ 9 \\ +\ \ \ 5 \\ \hline \end{array}$$

⑫
$$\begin{array}{r} 3\ 0 \\ +6\ 0 \\ \hline \end{array}$$

⑬
$$\begin{array}{r} 9\ 3 \\ +3\ 2 \\ \hline \end{array}$$

⑭
$$\begin{array}{r} 1\ 8 \\ +4\ 2 \\ \hline \end{array}$$

⑮
$$\begin{array}{r} 4\ 6 \\ +5\ 5 \\ \hline \end{array}$$

⑯
$$\begin{array}{r} 5\ 8 \\ +7\ 9 \\ \hline \end{array}$$

🐾 ☐ 안에 알맞은 수를 써넣으세요.

⑰ $9 + \boxed{} = 13$

⑱ $\boxed{} + 6 = 14$

⑲
$$\begin{array}{r} 2\ \boxed{} \\ +\ \boxed{}\ 5 \\ \hline 8\ \ 7 \end{array}$$

⑳
$$\begin{array}{r} 5\ \ 4 \\ +\ 1\ \boxed{} \\ \hline \boxed{}\ \ 2 \end{array}$$

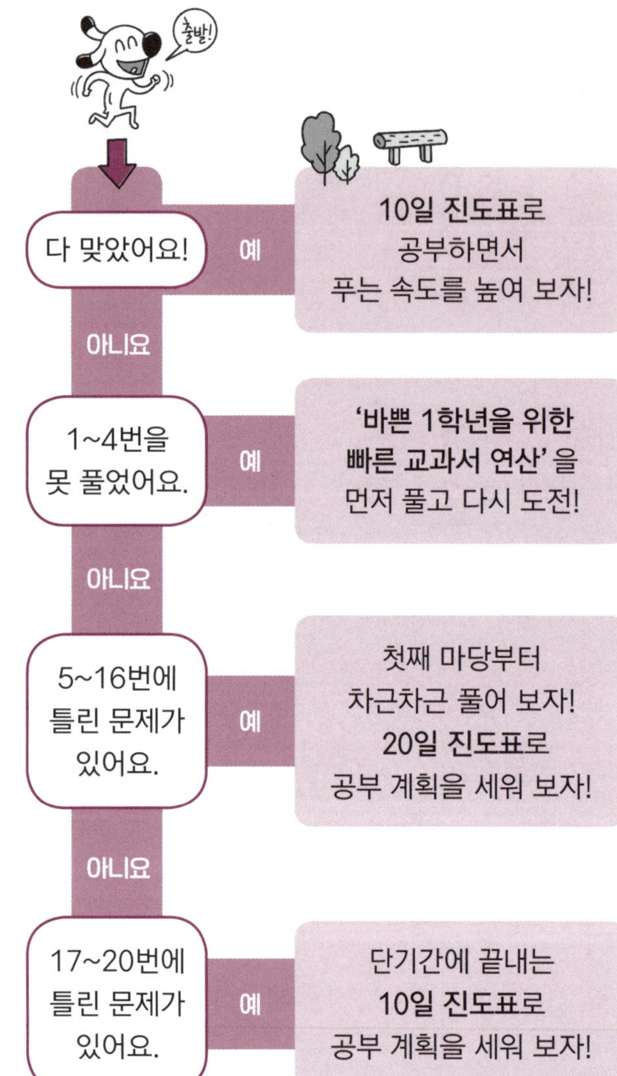

권장 진도표

★	20일 진도	10일 진도
1일	01 ~ 02	01 ~ 04
2일	03	05 ~ 07
3일	04 ~ 05	08 ~ 09
4일	06	10 ~ 11
5일	07	12 ~ 13
6일	08	14 ~ 15
7일	09	16
8일	10	17 ~ 18
9일	11	19 ~ 20
10일	12	21 ~ 22
11일	13	
12일	14	
13일	15	
14일	16	
15일	17	
16일	18	
17일	19	
18일	20	
19일	21	
20일	22	

진단 평가 정답

① 3　　② 8　　③ 8　　④ 9　　⑤ 13　　⑥ 15
⑦ 14　　⑧ 14　　⑨ 48　　⑩ 79　　⑪ 34　　⑫ 90
⑬ 125　　⑭ 60　　⑮ 101　　⑯ 137　　⑰ 4　　⑱ 8
⑲ (위에서부터) 2, 6　　　⑳ (위에서부터) 8, 7

첫째 마당

덧셈의 기초

덧셈은 사칙연산(덧셈, 뺄셈, 곱셈, 나눗셈) 중 가장 기본이 되는 계산이에요. 덧셈의 기초가 튼튼해야 사칙연산도 잘할 수 있어요. 자, 그럼 덧셈의 기초를 튼튼하게 다지러 가 볼까요?

	공부할 내용!	완료	10일 진도	20일 진도
01	모으면 커지고, 가르면 작아진다!	☐		
02	모으기는 더하기로 나타내	☐		1일차
03	큰 수도 모으는 방법은 같아	☐	1일차	2일차
04	이해하면 술술 풀리는 덧셈의 법칙	☐		
05	세 수의 덧셈은 두 수씩 차례로!	☐		3일차
06	받아올림이 없는 덧셈은 쉬워	☐	2일차	4일차
07	덧셈의 기초 종합 문제	☐		5일차

모으면 커지고, 가르면 작아진다!

☆ 3을 모으기와 가르기

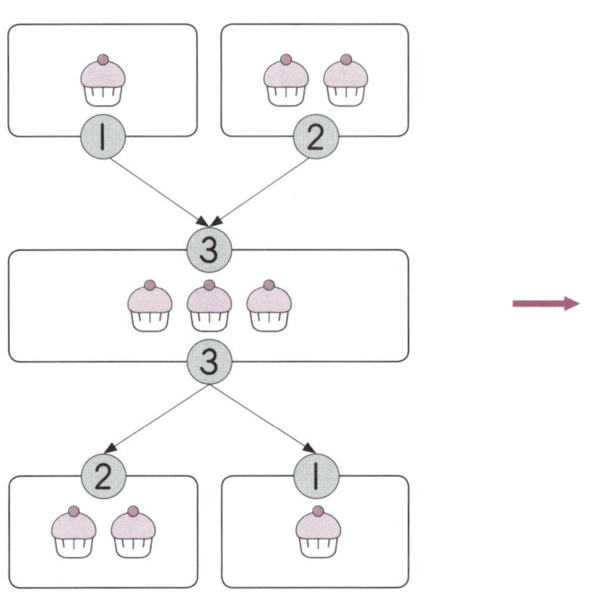

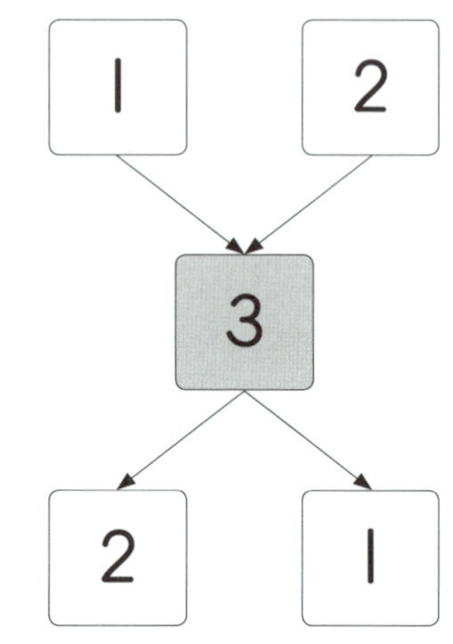

☆ 7을 모으기와 가르기

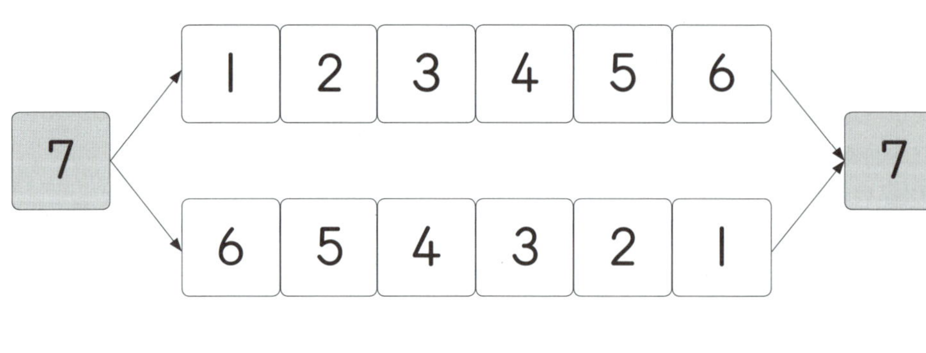

9까지의 수를 두 수로 가르기 하고, 두 수를 한 수로 모아 봐요.

🐾 빈 곳에 알맞은 수를 써넣으세요.

① 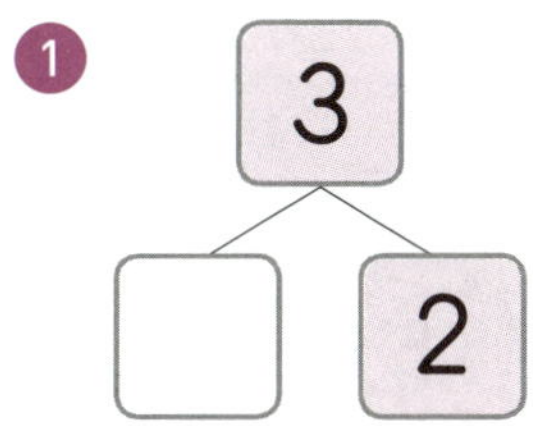

② 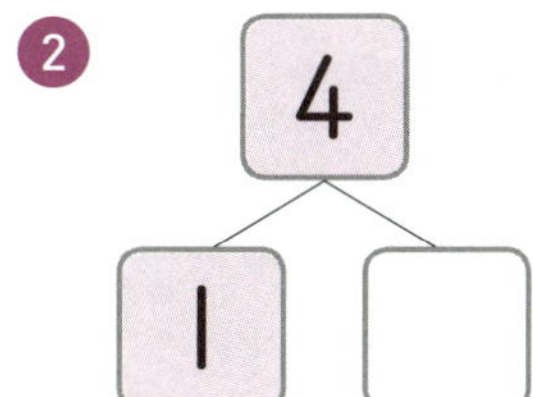

③ 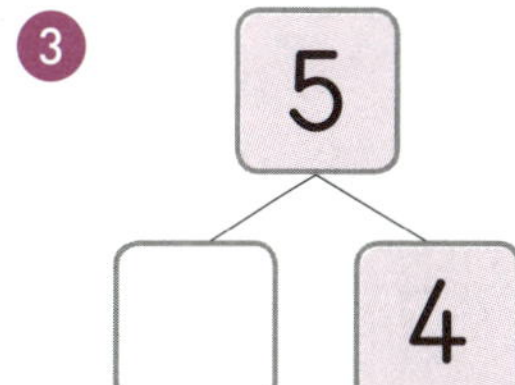

④ 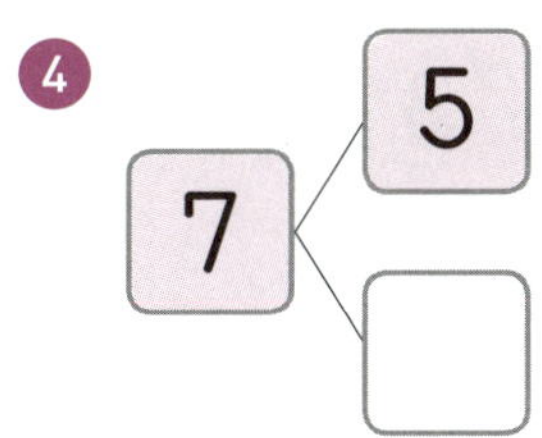

⑤ 

⑥ 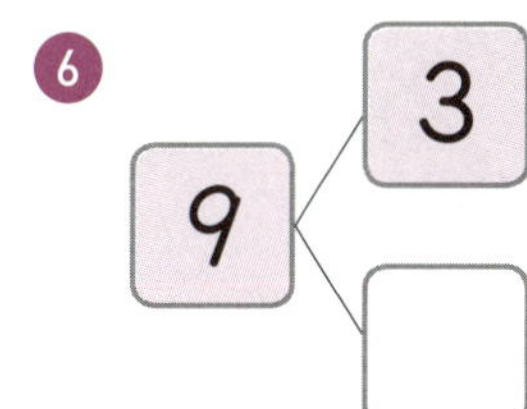

⑦ 

⑧ 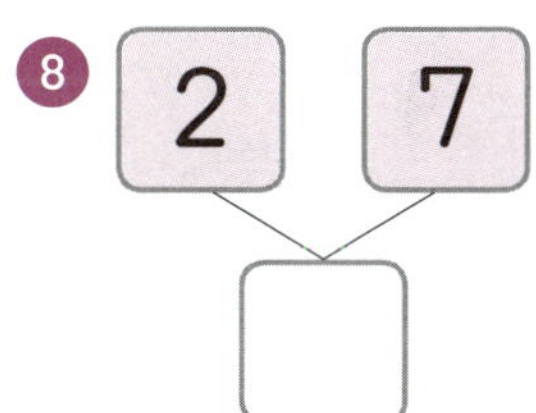

⑨ 

⑩ 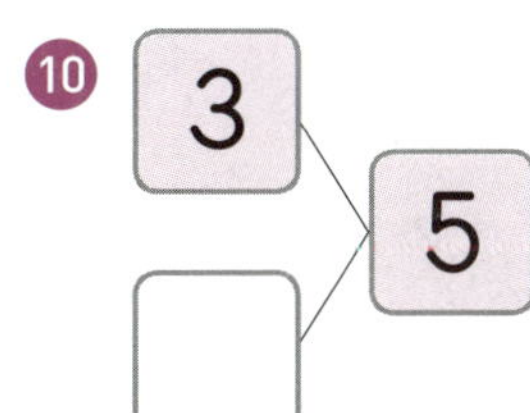

⑪ 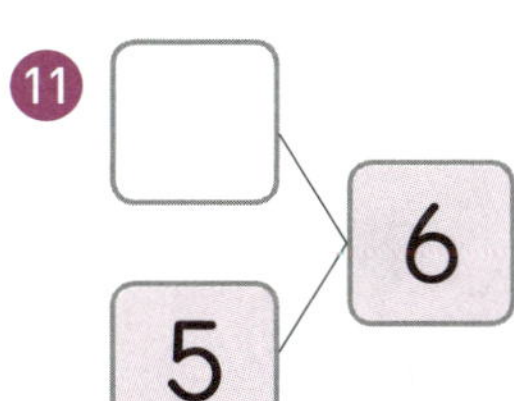

⑫ 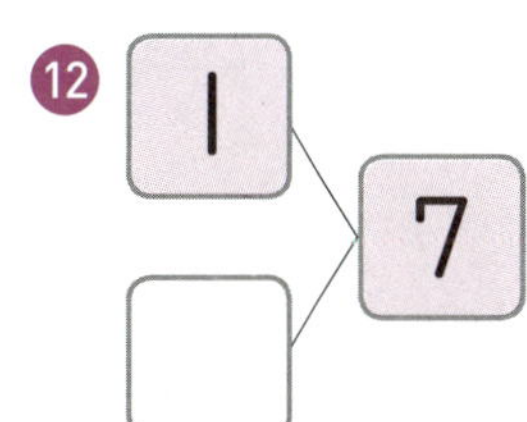

🐾 빈 곳에 알맞은 수를 써넣으세요.

1 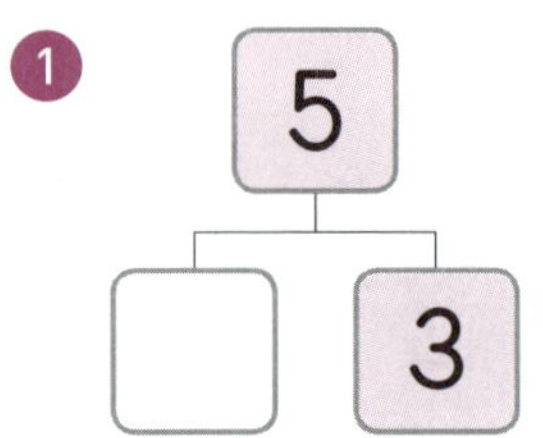

2 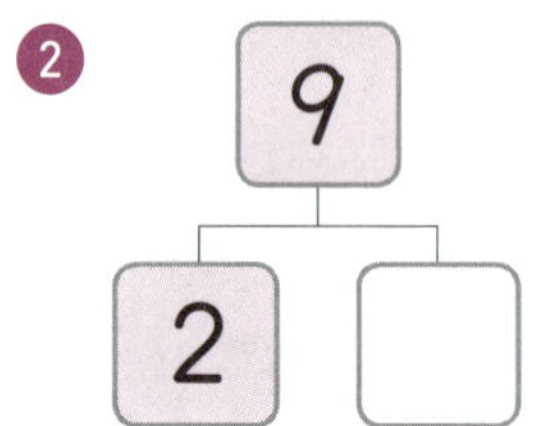

3 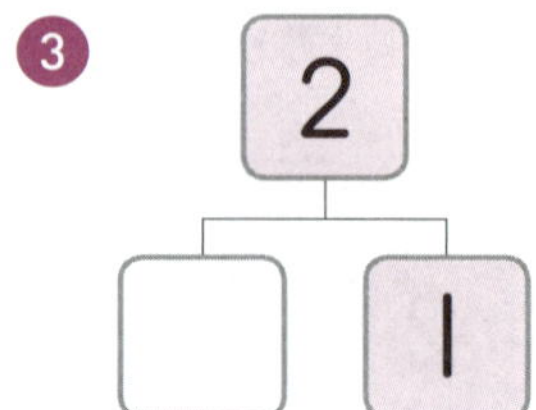

4 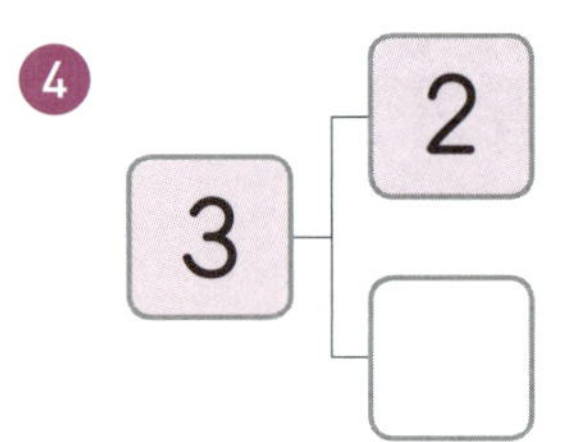

5 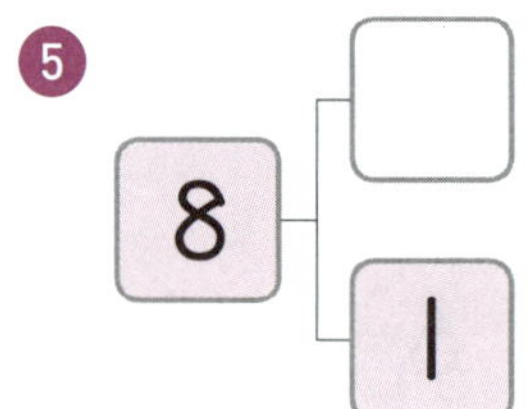

6 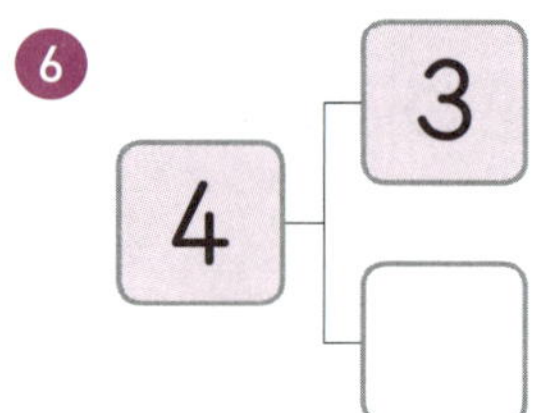

7 

8 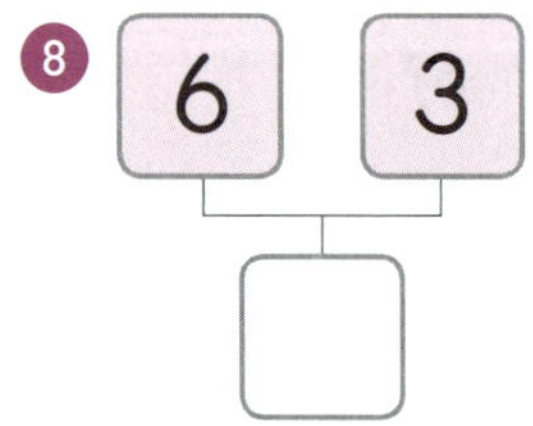

9 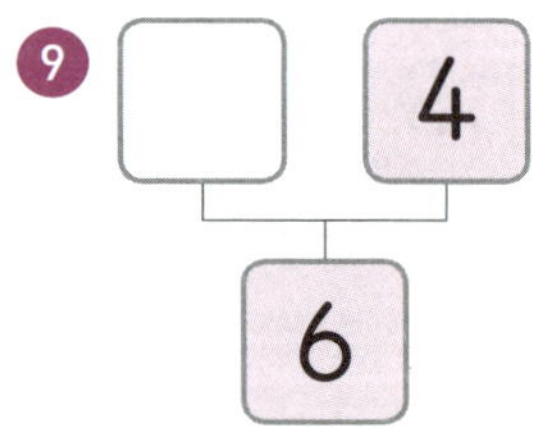

10 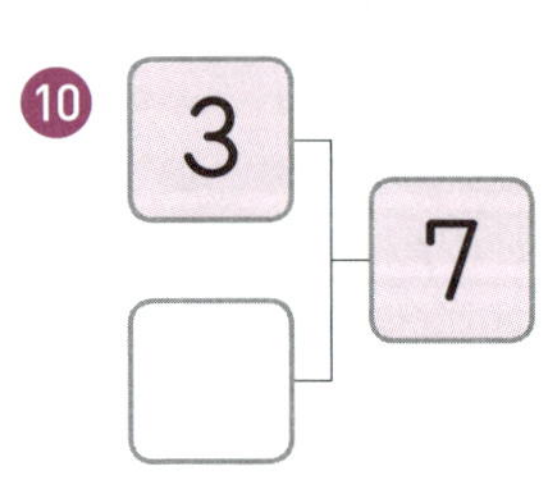

🐾 그림을 보고 ☐ 안에 알맞은 수를 써넣으세요.

1

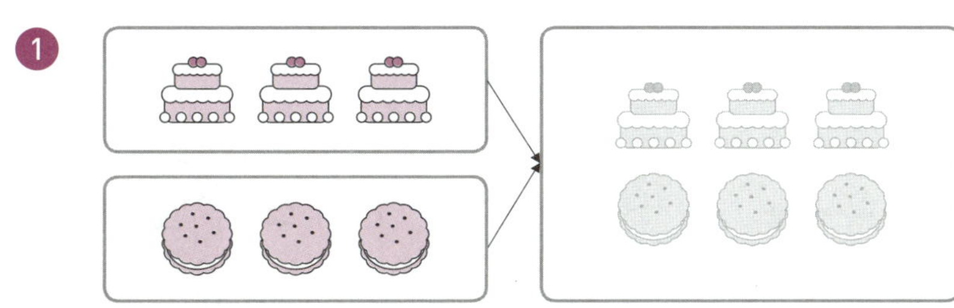

케이크 3개와 과자 3개를 모으면 모두 ☐ 개입니다.

2

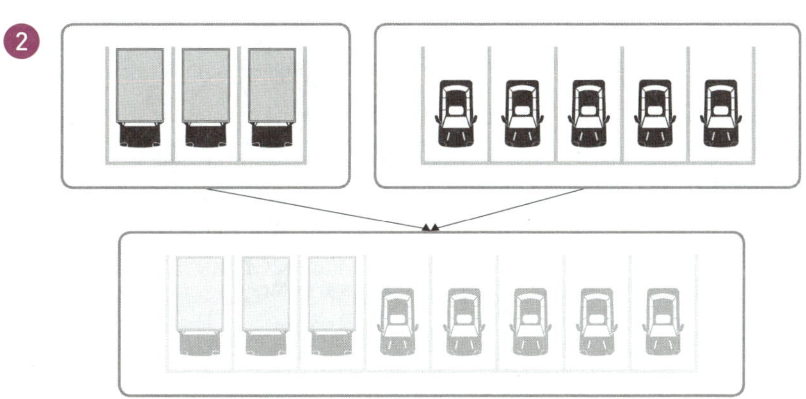

주차장에 있는 트럭 3대와 승용차 5대를 모으면 모두 ☐ 대입니다.

3

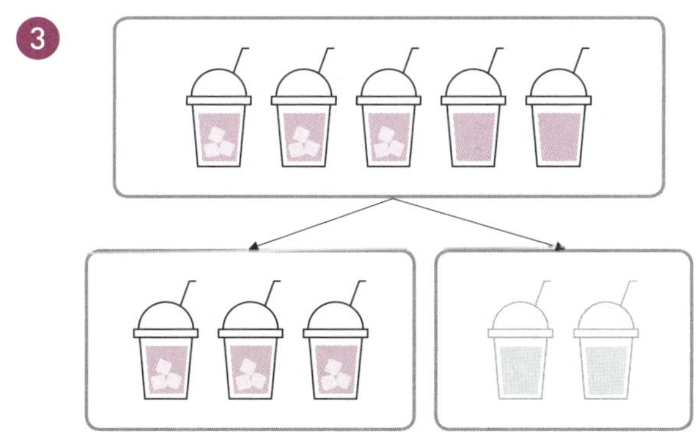

음료수 5잔을 얼음이 있는 음료수 3잔과 얼음이 없는 음료수 ☐ 잔으로 가를 수 있습니다.

02 모으기는 더하기로 나타내

☆ 더하기, 덧셈

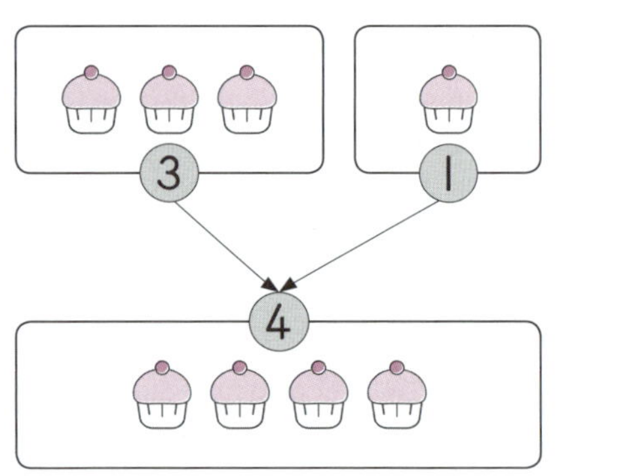

→

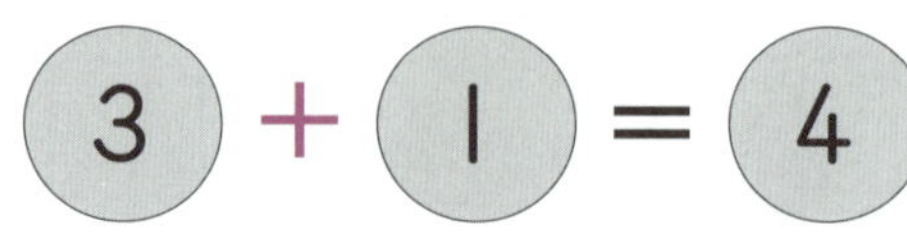

3 **더하기** 1은 4와 같습니다.
3과 1의 **합**은 4입니다.

• '더하기(합)'와 '같습니다'를 나타내는 기호

더하기(합)	같습니다.

간단하게 더할 수 있는 수들은 외워 두면 편해요.

🐾 ☐ 안에 알맞은 수를 써넣으세요.

1 합이 2인 덧셈

$1 + \boxed{1}$

2 합이 3인 덧셈

$1 + \boxed{2}$

3 합이 4인 덧셈

$1 + \boxed{}$

$2 + \boxed{}$

4 합이 5인 덧셈

$1 + \boxed{}$

$2 + \boxed{}$

5 합이 6인 덧셈

$1 + \boxed{}$

$2 + \boxed{}$

$3 + \boxed{}$

6 합이 7인 덧셈

$1 + \boxed{}$

$2 + \boxed{}$

$3 + \boxed{}$

7 합이 8인 덧셈

$1 + \boxed{}$

$2 + \boxed{}$

$3 + \boxed{}$

$4 + \boxed{}$

8 합이 9인 덧셈

$1 + \boxed{}$

$2 + \boxed{}$

$3 + \boxed{}$

$4 + \boxed{}$

두 수를 더해서 나온 수를 =의 오른쪽에 써요.
더하는 두 수에 따라 합이 어떻게 바뀌는지 확인해 봐요.

 덧셈을 하세요.

1
$$3+3=6$$
$$4+3=$$
$$5+3=$$

2
$$2+4=6$$
$$3+4=$$
$$4+4=$$

3
$$5+2=7$$
$$6+2=$$
$$7+2=$$

4
$$5+4=$$
$$4+4=$$
$$3+4=$$

5
$$7+2=$$
$$6+2=$$
$$5+2=$$

6
$$4+5=$$
$$3+5=$$
$$2+5=$$

7
$$1+4=$$
$$2+5=$$
$$3+6=$$

8
$$6+3=$$
$$5+2=$$
$$4+1=$$

9
$$1+8=$$
$$2+7=$$
$$3+6=$$

🐾 그림을 보고 ☐ 안에 알맞은 수를 써넣으세요.

1 

$2+1=\boxed{}$

2 더하기 1은 $\boxed{}$ 과 같습니다.

2 

$7+\boxed{}=\boxed{}$

7과 2의 합은 $\boxed{}$ 입니다.

3 

$\boxed{}+3=\boxed{}$

6 더하기 3은 $\boxed{}$ 와 같습니다.

4 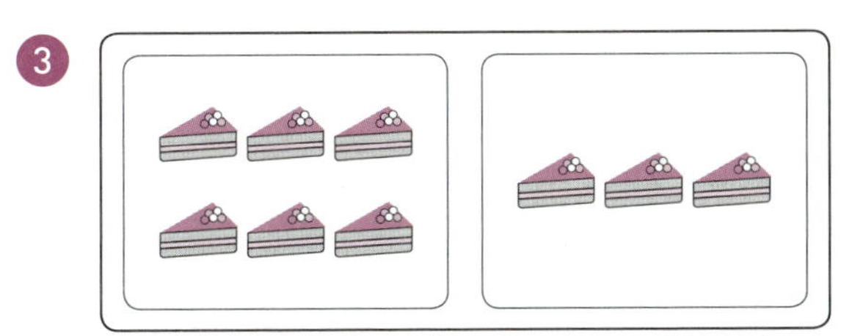

$\boxed{}+\boxed{}=\boxed{}$

4 더하기 $\boxed{}$ 는 $\boxed{}$ 과 같습니다.

4와 $\boxed{}$ 의 합은 $\boxed{}$ 입니다.

03 큰 수도 모으는 방법은 같아

☆ 9보다 큰 수

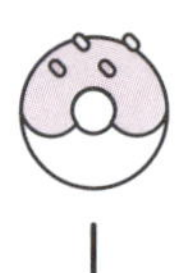
ㅣ

2

3

4

5

6

7

8

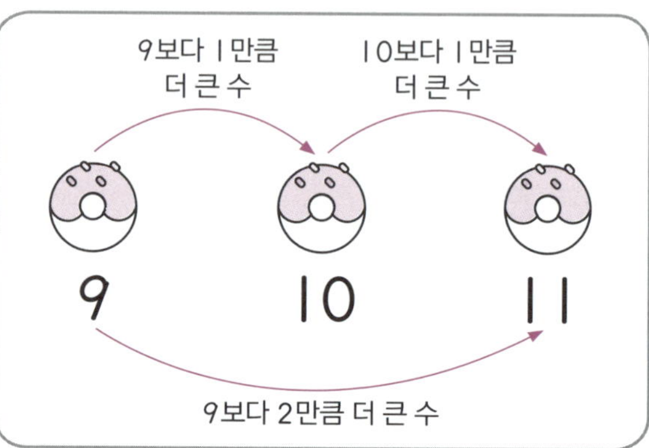

☆ 모으면 ㅣ0보다 커지는 수

9

2

ㅣㅣ

➡ 9와 2를 모으면 [ ]이 돼요.

- ㅣ0이 되는 모으기는 외워 두면 편해요.

ㅣ	2	3	4	5	6	7	8	9
9	8	7	6	5	4	3	2	ㅣ

➡ ㅣ0

8과 3 모으기 ➡ 8 다음 수부터 3개의 수를 이어 세어 봐요.

1 2 3 4 5 6 7 8 9 10 11 12 13 14 15 16 17 18 19

🐾 빈 곳에 알맞은 수를 써넣으세요.

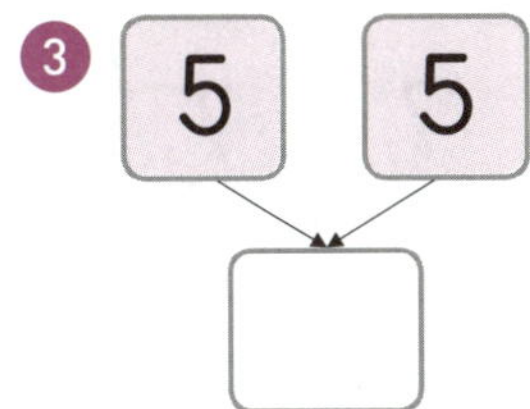

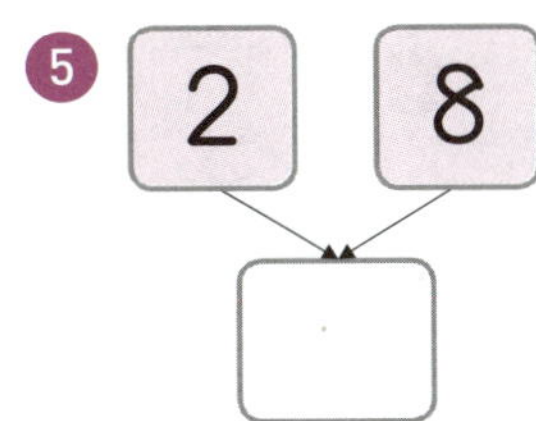

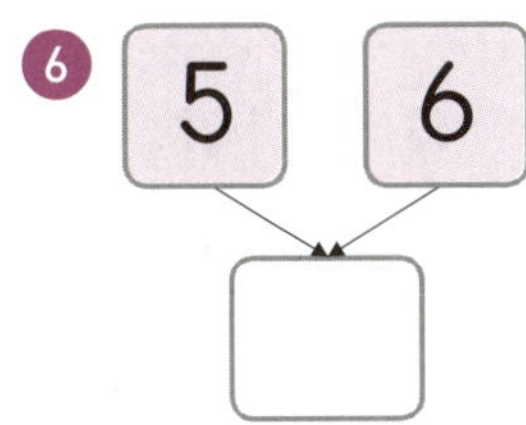

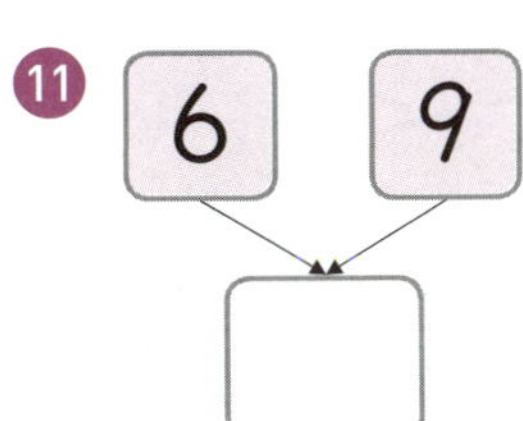

🐾 빈 곳에 알맞은 수를 써넣으세요.

❶ 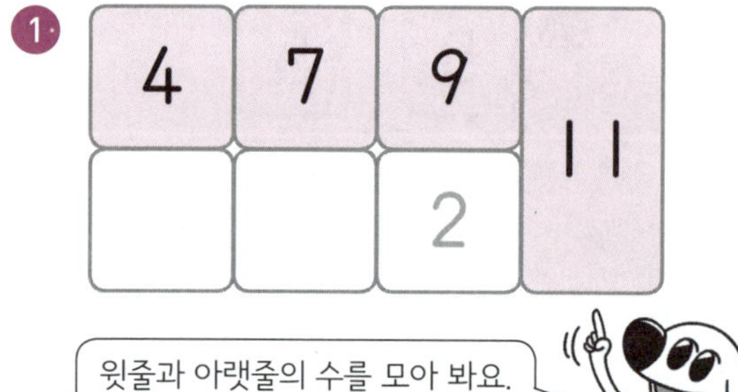

❷ 

❸ 

❹ 

❺ 

❻ 

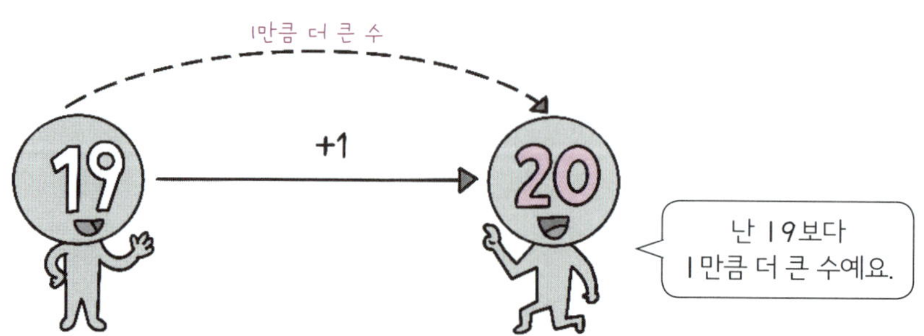

🐾 그림을 보고 ☐ 안에 알맞은 수를 써넣으세요.

1

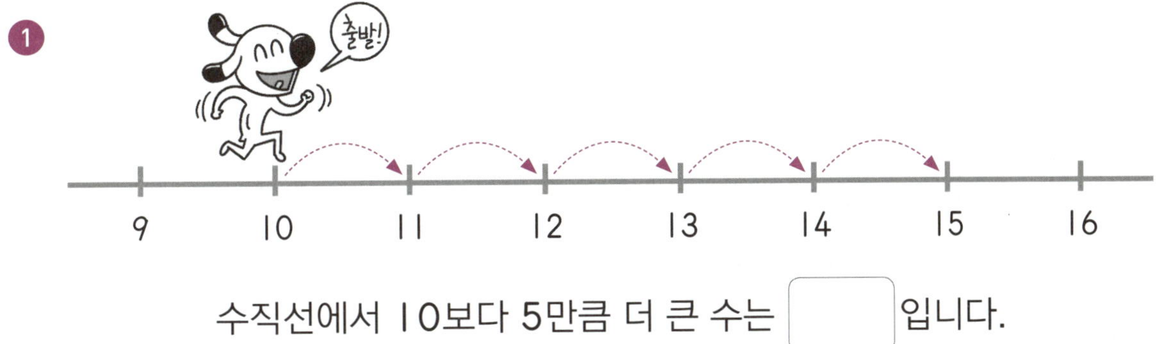

수직선에서 10보다 5만큼 더 큰 수는 ☐ 입니다.

2

엘리베이터 버튼에서

10보다 2만큼 더 큰 수는 ☐ 입니다.

3 

사과 6개와 딸기 5개를 모으면 모두 ☐ 개입니다.

04 이해하면 술술 풀리는 덧셈의 법칙

☆ 0 더하기

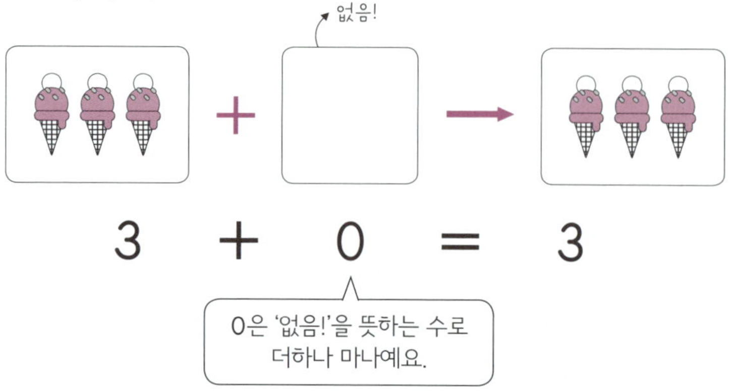

$$3 + 0 = 3$$

0은 '없음!'을 뜻하는 수로
더하나 마나예요.

맞아. 어떤 수에 0을 더해도,
0에 어떤 수를 더해도
그대로 어떤 수야.

☆ 두 수를 바꾸어 더하기

➡ 더하는 두 수의 순서를 바꾸어도 합은 변하지 않습니다.

0은 더하나 마나인 수예요.

🐾 덧셈을 하세요.

1 $0+3=$

2 $0+2=$

3 $0+9=$

4 $4+0=$

5 $0+7=$

6 $5+0=$

7 $6+0=$

8 $0+2=$

9 $1+0=$

10 $8+0=$

11 $10+0=$

12 $0+7=$

13 $0+9=$

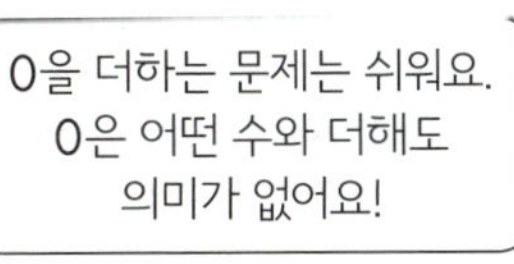

덧셈을 하세요.

1 $1+3=$

$3+1=$

2 $6+3=$

$3+6=$

3 $7+2=$

$2+7=$

4 $4+2=$

$2+4=$

5 $5+3=$

$3+5=$

6 $6+0=$

$0+6=$

7 $6+2=$

$2+6=$

8 $4+3=$

$3+4=$

9 $1+8=$

$8+1=$

10 $5+4=$

$4+5=$

11 $10+0=$

$0+10=$

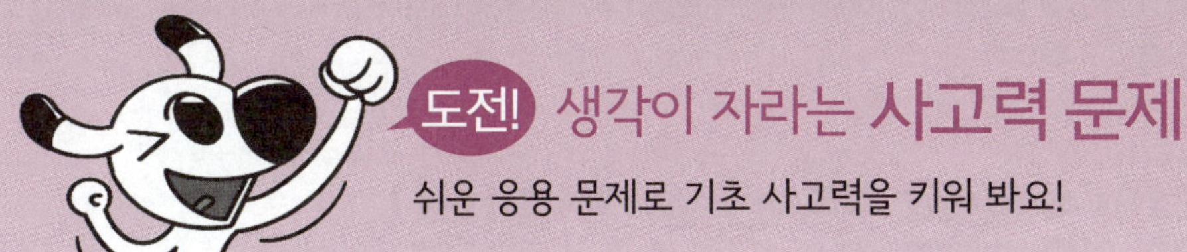

🐾 합이 같아지도록 두 수씩 묶으세요.

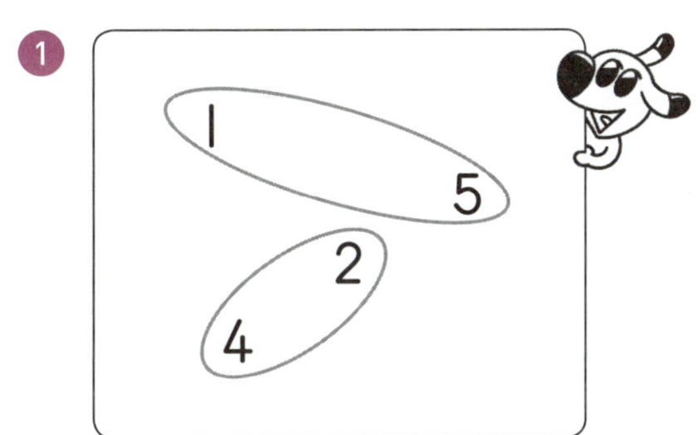

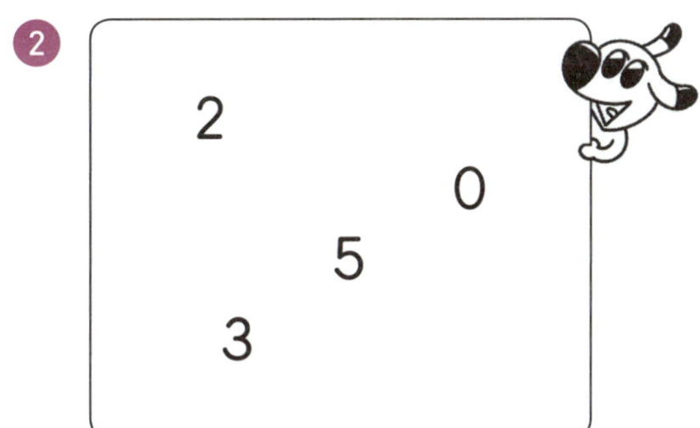

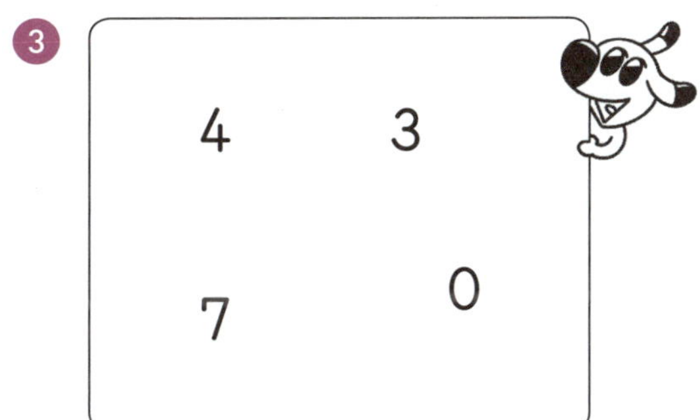

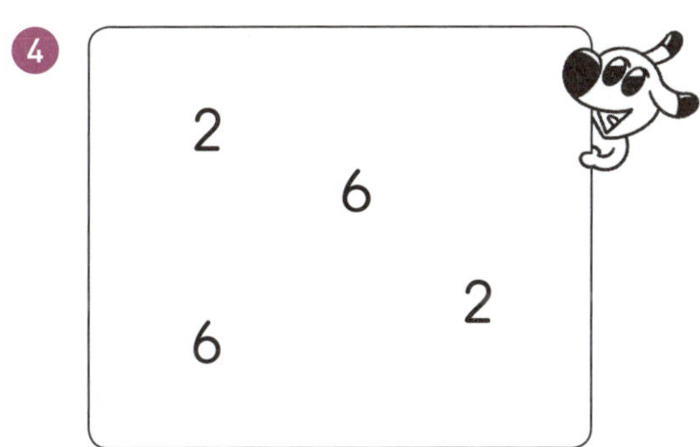

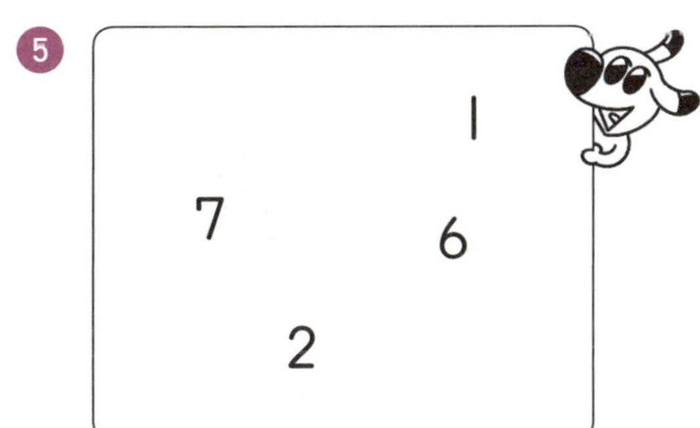

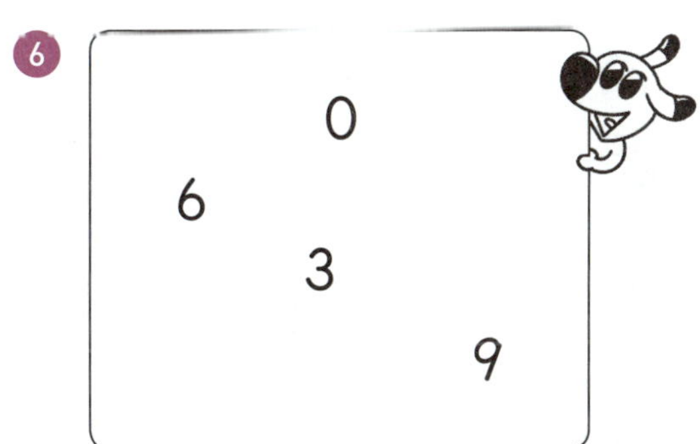

세 수의 덧셈은 두 수씩 차례로!

☆ 2+3+4의 계산

• 세로로 계산하기

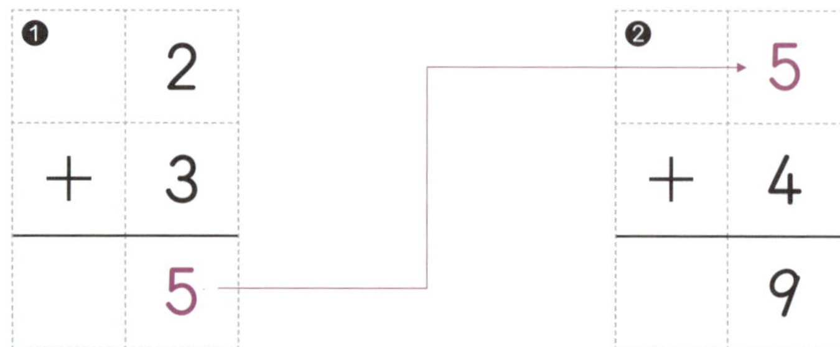

• 가로로 계산하기

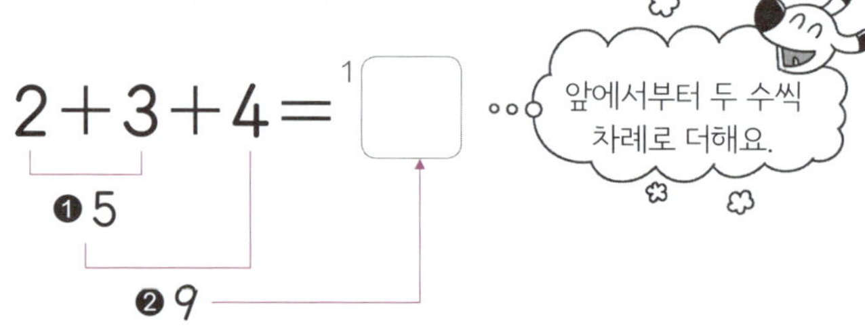

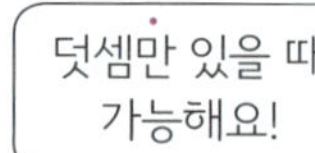

• 덧셈만 있는 식은 더하는 순서를 바꿔도 합이 같아요.

$$2+3+4=9 \qquad 2+3+4=9 \qquad 2+3+4=9$$

세 수의 덧셈은 두 수씩 더해요.

🐾 세 수의 덧셈을 하세요.

❶ 2＋1＋4＝ □

❷ 2＋1＋4＝ □

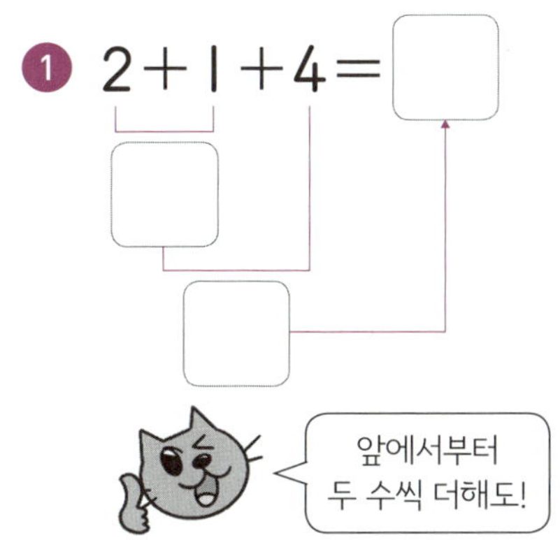

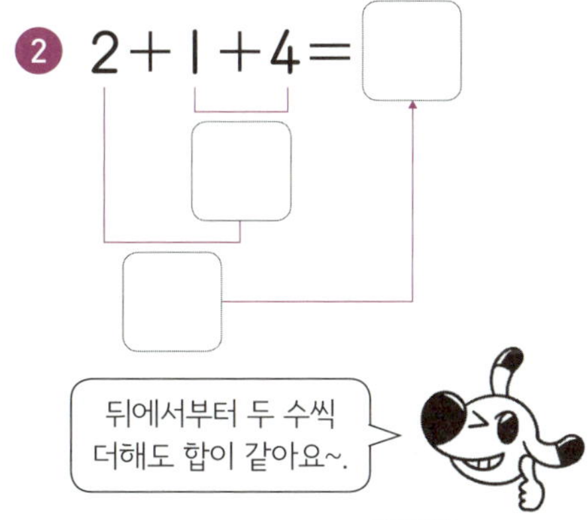

❸ 1＋5＋3＝ □

❹ 1＋5＋3＝ □

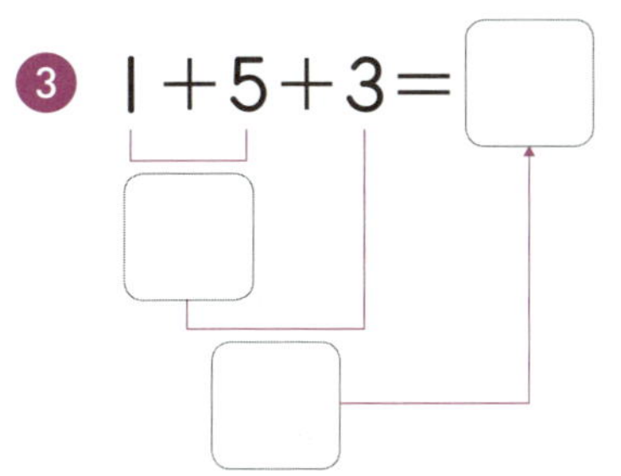

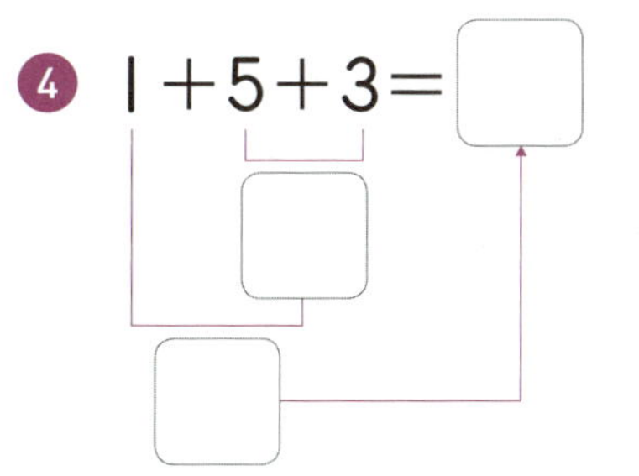

❺ 3＋4＋2＝ □

❻ 3＋4＋2＝ □

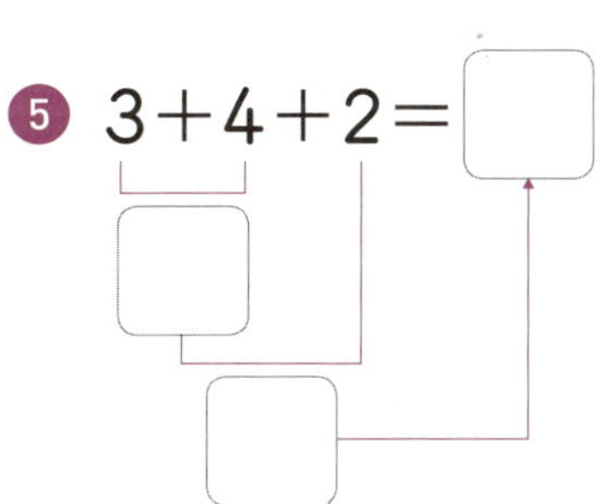

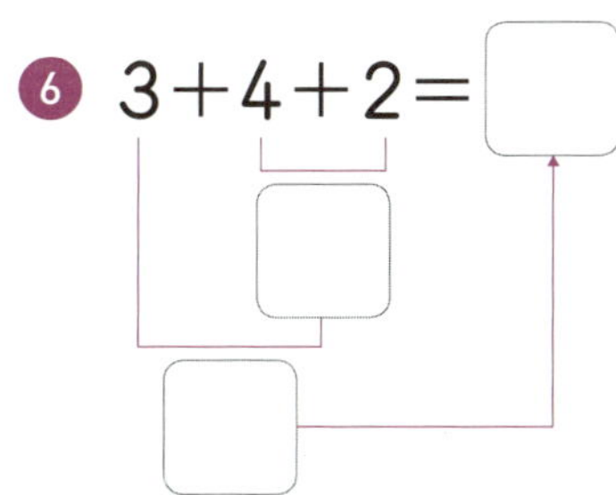

❼ 4＋2＋2＝ □

❽ 4＋2＋2＝ □

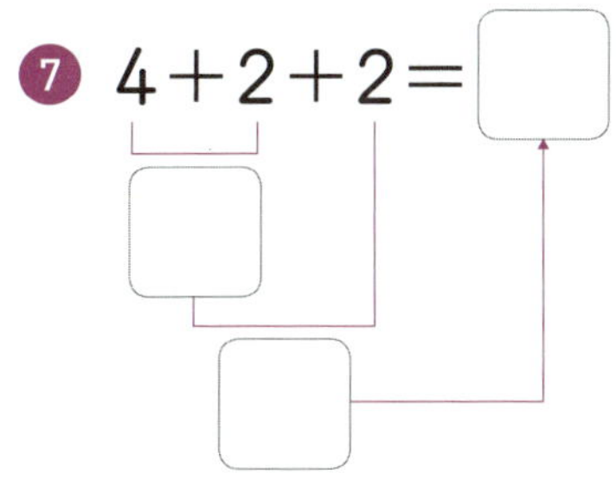

🐾 세 수의 덧셈을 하세요.

1 $1+4+4=\boxed{}$
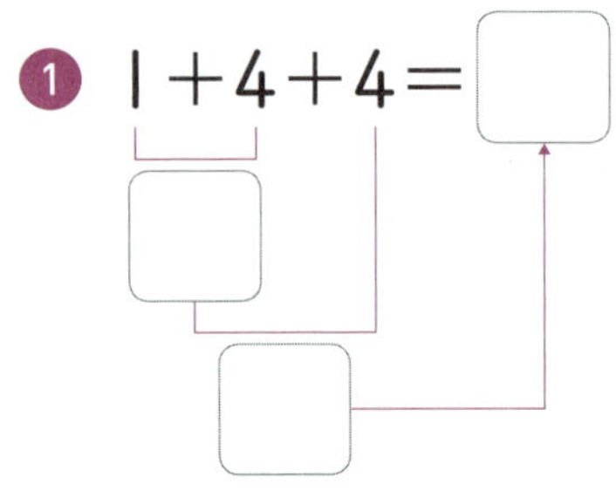

2 $4+4+1=\boxed{}$
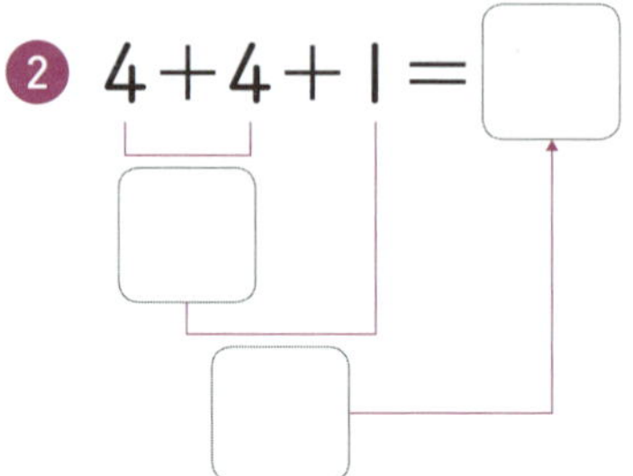

3 $3+4+1=\boxed{}$

4 $4+1+3=\boxed{}$
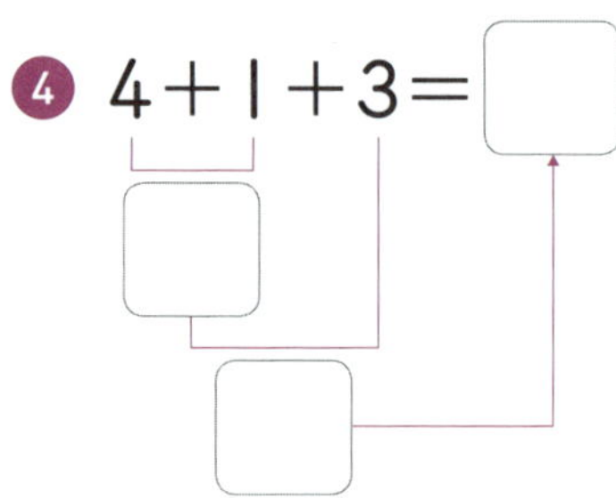

5 $2+3+3=\boxed{}$

6 $3+3+2=\boxed{}$

7 $5+2+2=\boxed{}$

8 $6+2+1=\boxed{}$

9 $3+2+4=\boxed{}$

10 $3+3+3=\boxed{}$

🐾 빈칸에 알맞은 수를 써넣으세요.

1

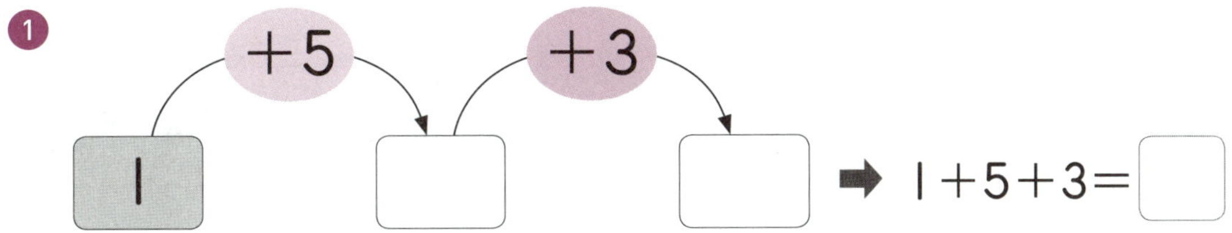

2

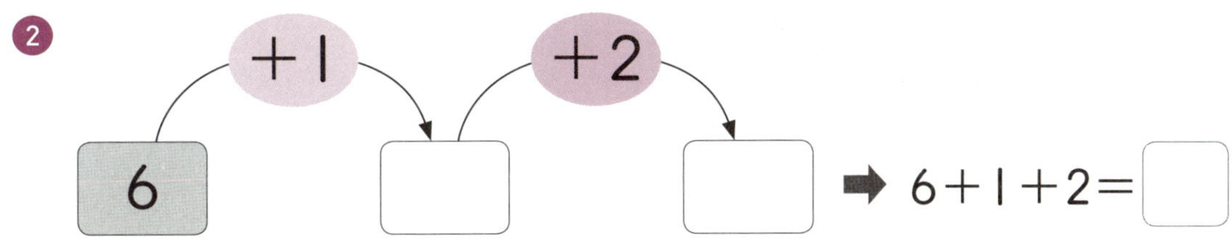

3

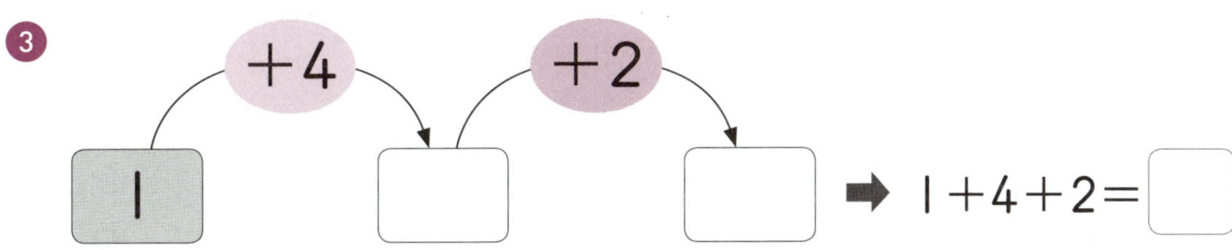

4

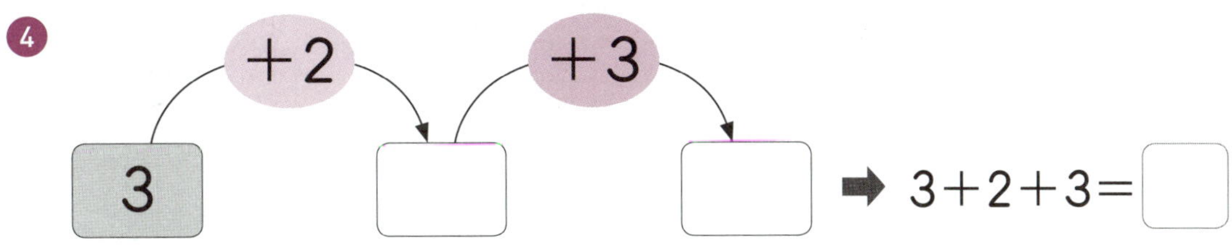

06 받아올림이 없는 덧셈은 쉬워

☆ 받아올림이 없는 (두 자리 수)+(한 자리 수)

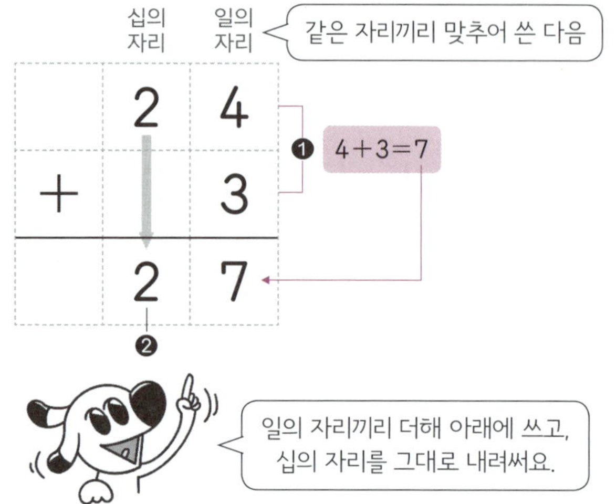

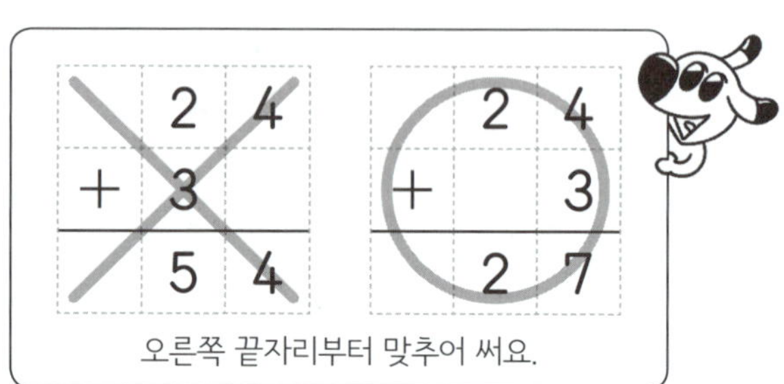

☆ 받아올림이 없는 (두 자리 수)+(두 자리 수)

• 세로로 계산하기

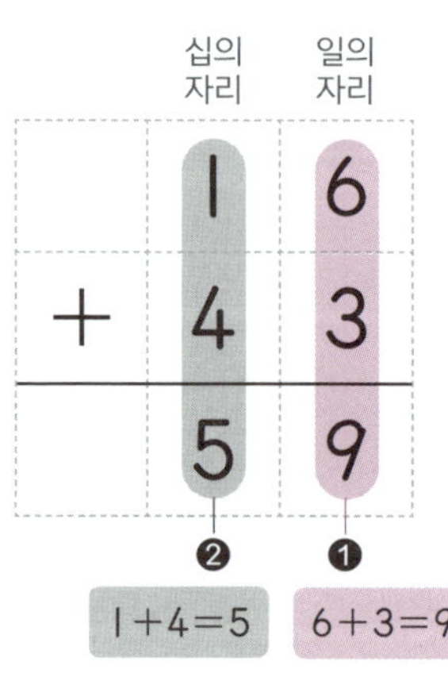

• 가로로 계산하기

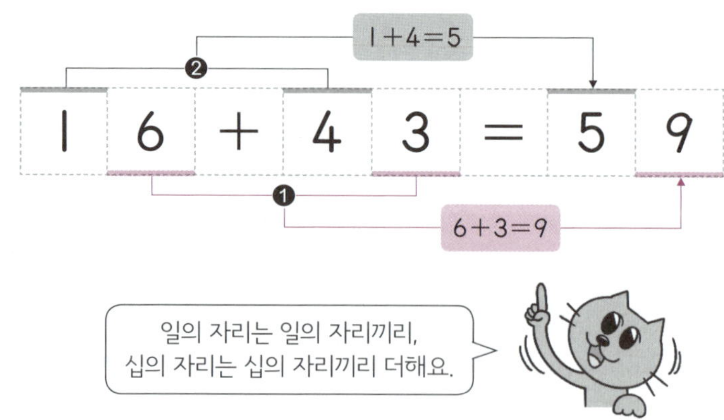

세로셈으로 계산할 때 같은 자리끼리 위치를 맞추어 더해야 해요.

🐾 덧셈을 하세요.

① $\begin{array}{r} 1\ 0 \\ +\quad 4 \\ \hline 1\ 4 \end{array}$ ❷ ❶ $0+4=4$

② $\begin{array}{r} 5\ 0 \\ +\quad 9 \\ \hline \end{array}$

③ $\begin{array}{r} 7\ 0 \\ +\quad 2 \\ \hline \end{array}$

④ $\begin{array}{r} 2\ 4 \\ +\quad 3 \\ \hline \end{array}$

⑤ $\begin{array}{r} 4\ 1 \\ +\quad 8 \\ \hline \end{array}$

⑥ $\begin{array}{r} 6\ 2 \\ +\quad 5 \\ \hline \end{array}$

⑦ $\begin{array}{r} 7 \\ +\ 5\ 0 \\ \hline \end{array}$

⑧ $\begin{array}{r} 6 \\ +\ 7\ 3 \\ \hline \end{array}$

⑨ $\begin{array}{r} 2 \\ +\ 4\ 4 \\ \hline \end{array}$

⑩ $30+2=$

⑪ $6+70=$

⑫ $50+4=$

⑬ $4+83=$

⑭ $65+3=$

🐾 덧셈을 하세요.

①
```
   5 3
 +   5
```

②
```
   4 1
 +   5
```

③
```
   7 4
 +   3
```

④
```
   3 7
 +   2
```

⑤
```
   8 2
 +   6
```

⑥
```
   9 5
 +   4
```

⑦
```
   1 0
 + 8 0
   9 0
```

⑧
```
   4 0
 + 3 0
```

⑨
```
   6 0
 + 2 0
```

⑩ 42+2=

⑪ 5+34=

⑫ 71+5=

⑬ 6+92=

⑭ 30+10=

⑮ 20+70=

일의 자리는 일의 자리끼리, 십의 자리는 십의 자리끼리!
같은 자리 수끼리 맞추어 계산하면 실수할 일은 없을 거예요.

🐾 덧셈을 하세요.

1
```
   3 0
+  2 5
```

2
```
   1 9
+  6 0
```

3
```
   4 0
+  4 6
```

4
```
   6 2
+  1 3
```

5
```
   2 4
+  5 3
```

6
```
   5 1
+  2 7
```

7
```
   7 3
+  2 4
```

8
```
   2 6
+  6 3
```

9
```
   4 5
+  3 1
```

10 25+70=

11 19+20=

12 52+37=

13 35+42=

14 41+56=

15 71+14=

생각이 자라는 **사고력 문제**

쉬운 응용 문제로 기초 사고력을 키워 봐요!

빈칸에 알맞은 수를 써넣으세요.

1

+	20	30	40	50
1	21			
2				
4				
5				

2

+	4	3	2	1
24				
34				
44				
54				

3

+	11	22	33	44
25				
34				
43				
52				

4

+	50	45	40	35
14				
20				
32				
43				

07 덧셈의 기초 종합 문제

🐾 빈 곳에 알맞은 수를 써넣으세요.

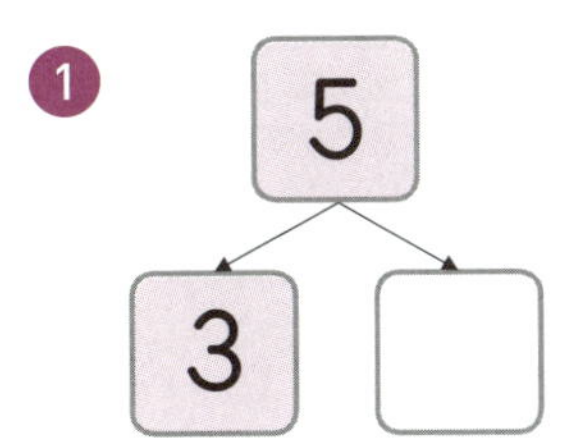

1 5 → 3, ☐

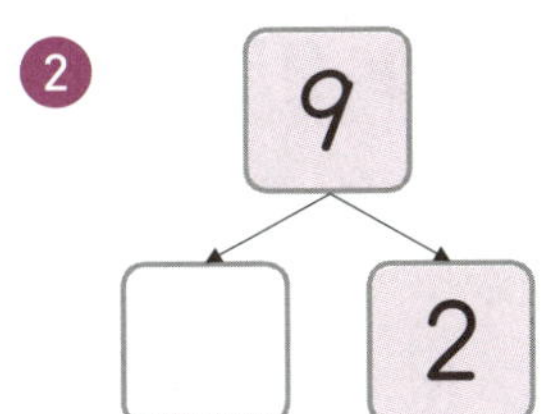

2 9 → ☐, 2

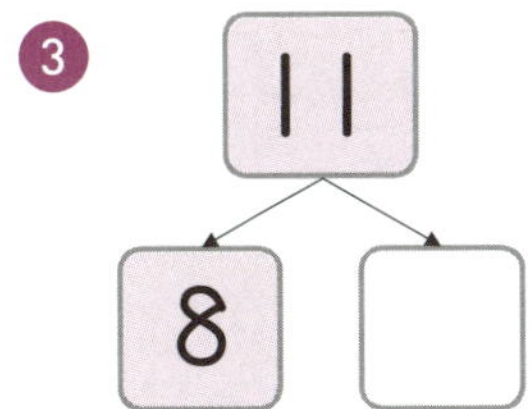

3 11 → 8, ☐

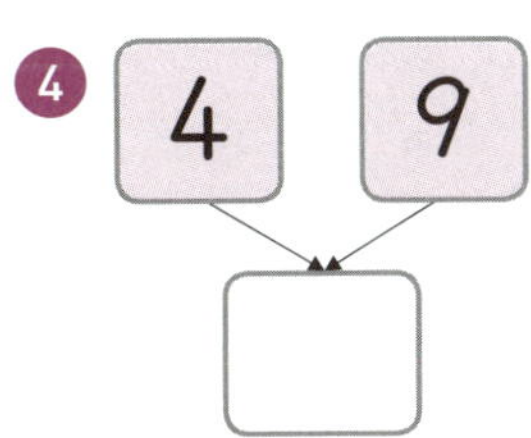

4 4, 9 → ☐

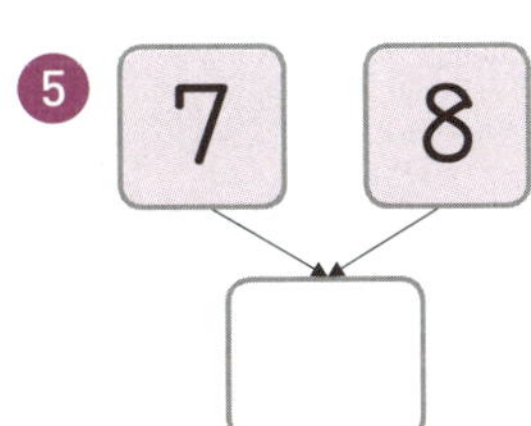

5 7, 8 → ☐

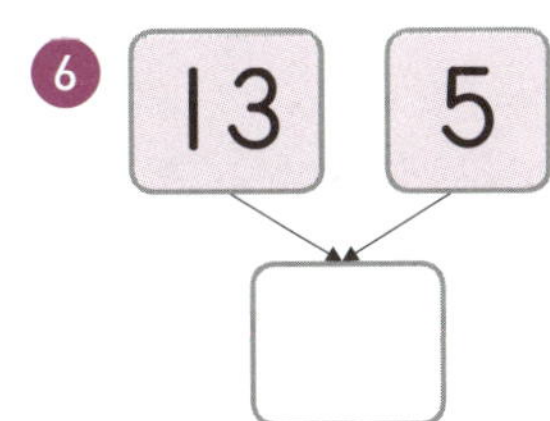

6 13, 5 → ☐

🐾 ☐ 안에 알맞은 수를 써넣으세요.

7 $2+6=$ ☐

8 $4+3=$ ☐

9 $7+2=$ ☐

10 $9+0=$ ☐

11 $4+5=$ ☐

12 $2+3=$ ☐

13 $5+2=$ ☐

14 $3+6=$ ☐

15 $1+7=$ ☐

🐾 ☐ 안에 알맞은 수를 써넣으세요.

① $10+4=$ ☐ ② $25+2=$ ☐

③ $7+41=$ ☐ ④ $20+40=$ ☐

⑤ $32+16=$ ☐ ⑥ $15+33=$ ☐

⑦ $24+15=$ ☐ ⑧ $25+24=$ ☐

⑨ $2+3+2=$ ☐ ⑩ $2+4+2=$ ☐

⑪ $1+2+6=$ ☐ ⑫ $3+2+1=$ ☐

계산 결과가 같은 식과 계산 결과를 찾아 선으로 이어 보세요.

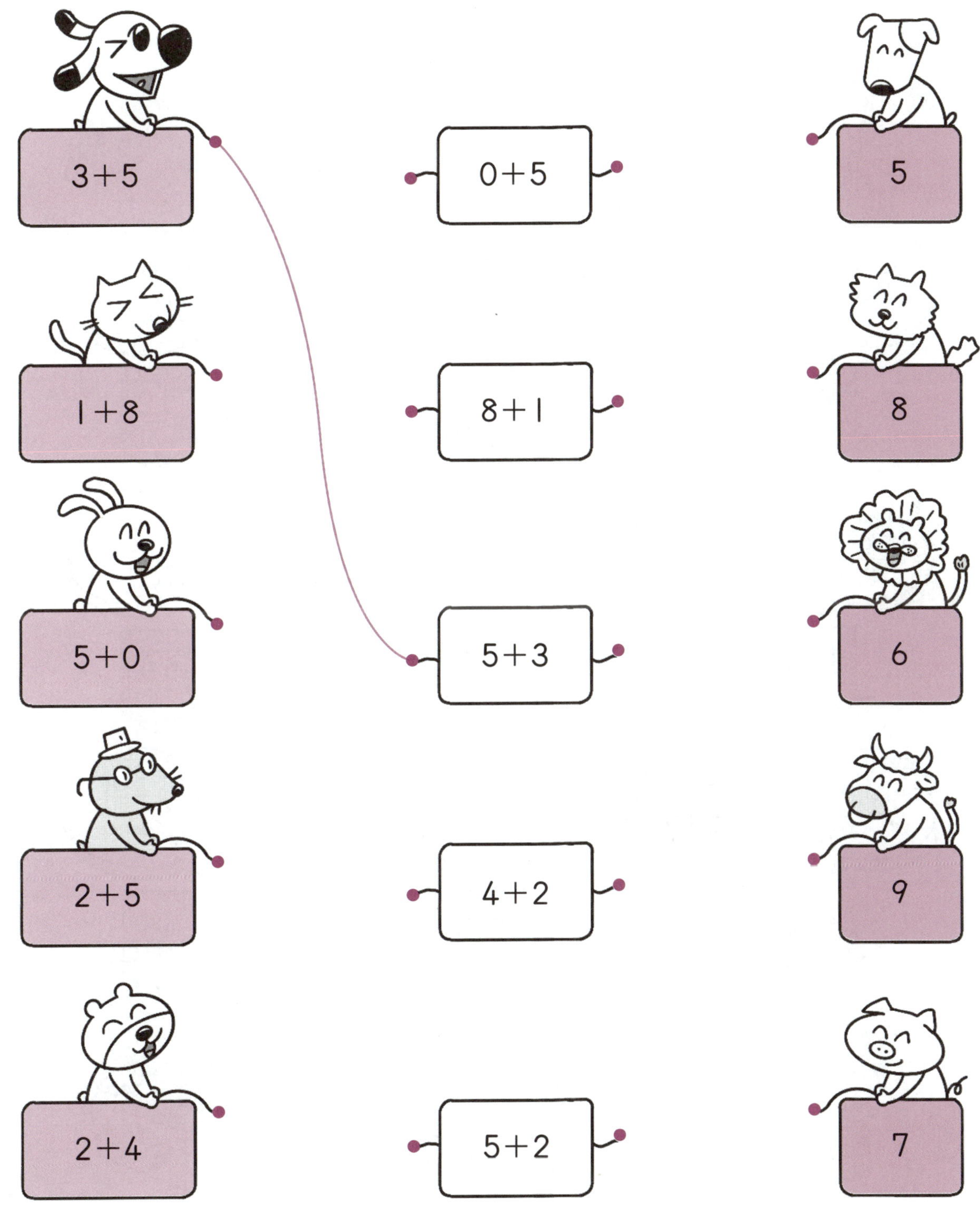

알맞은 답을 따라가면 맛있는 간식을 먹을 수 있어요. 먹을 수 있는 간식에 ○표 하세요.

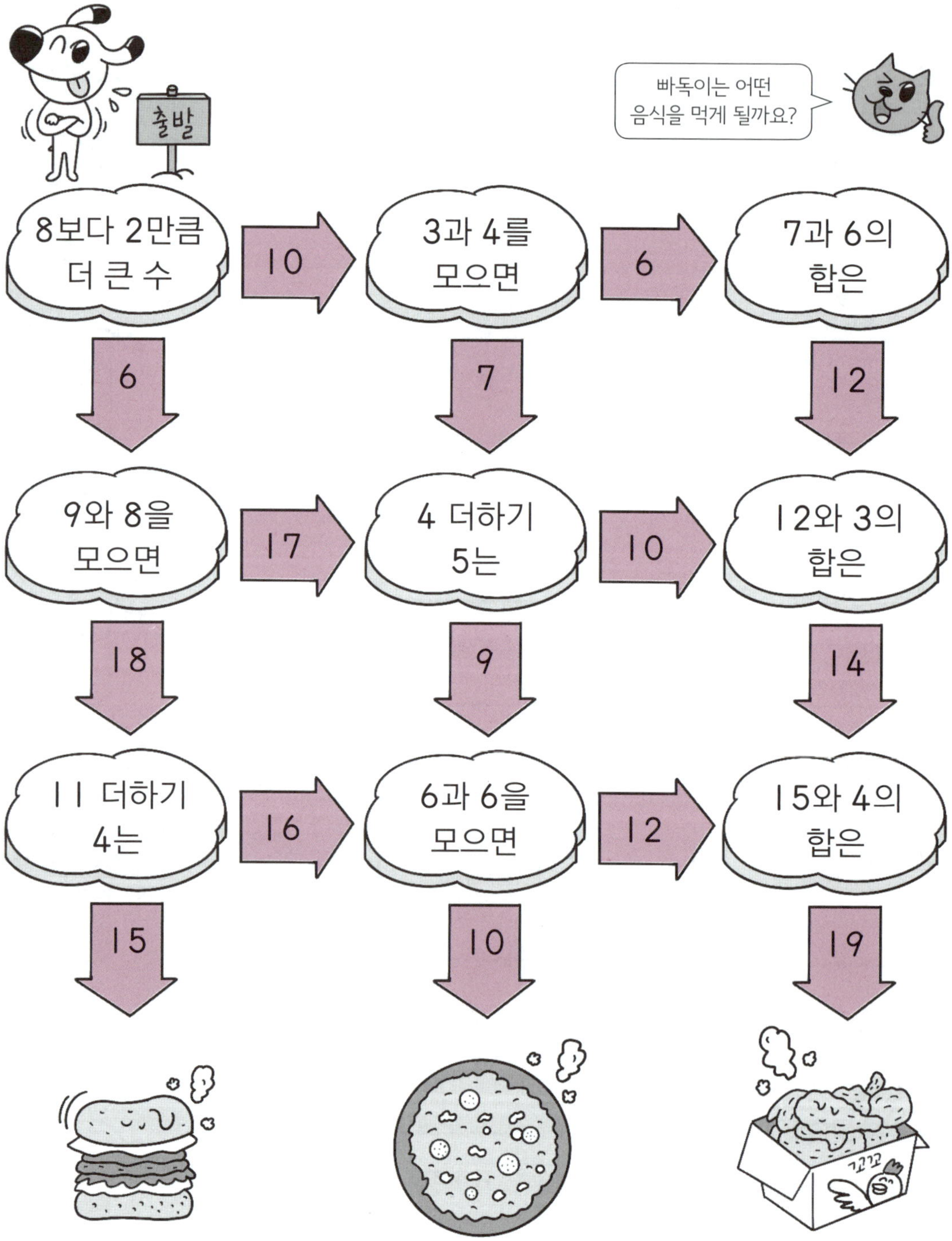

둘째 마당

덧셈 집중 훈련

둘째 마당에서는 받아올림이 있는 덧셈을 배워요. 덧셈의 원리를 이해하면 받아올림이 있는 덧셈도 어렵지 않아요. 덧셈을 잘할 수 있는 비법도 가득 들어 있으니 집중해서 훈련해 봐요.

	공부할 내용!	완료	10일 진도	20일 진도
08	10을 만들어 더하면 받아올림도 쉬워!	☐	3일차	6일차
09	일의 자리의 10은 십의 자리의 1과 같아	☐		7일차
10	10이 되면 그 수는 1로 받아올림 해	☐	4일차	8일차
11	아래에서 10은 위에서 1	☐		9일차
12	십의 자리의 10은 백의 자리의 1과 같아	☐	5일차	10일차
13	받아올림을 쓸 때 항상 1	☐		11일차
14	받아올림한 수 잊지 않기!	☐	6일차	12일차
15	세 수의 덧셈은 두 수씩 차례로!	☐		13일차
16	덧셈 집중 훈련 종합 문제	☐	7일차	14일차

08 10을 만들어 더하면 받아올림도 쉬워!

☆ 10을 만들어 더하기

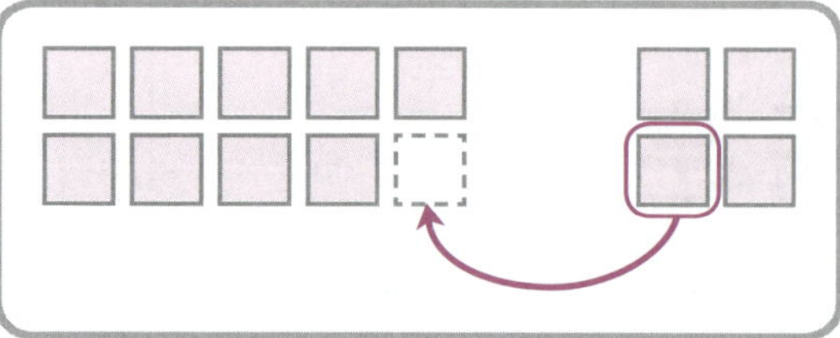

$$9+4=\boxed{13}^{1}$$

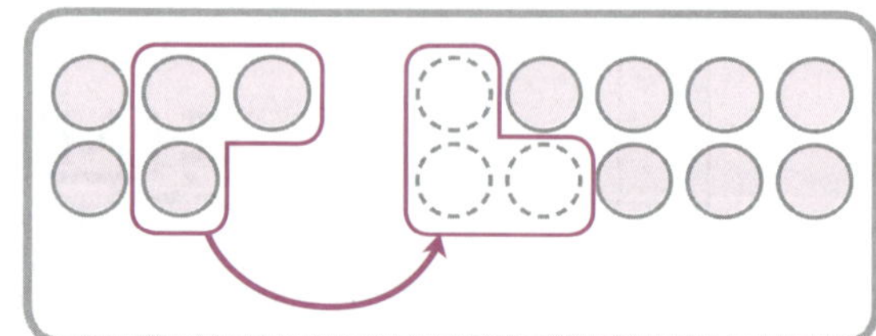

$$5+7=\boxed{}^{2}$$

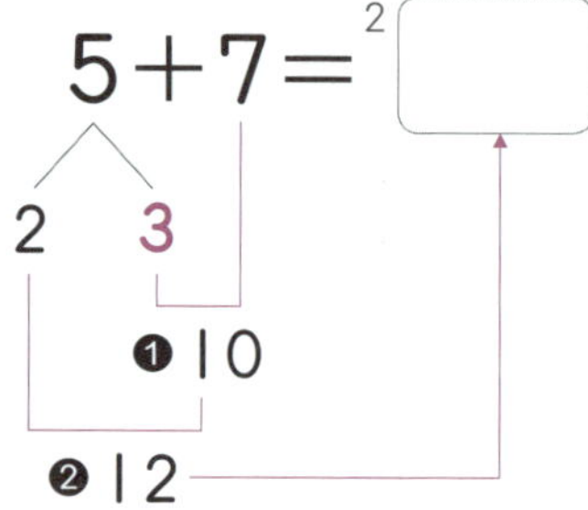

☆ 두 수의 합이 10이 되는 세 수 더하기

$$3+4+6=\boxed{}^{3}$$

$$9+5+1=15$$

🐾 ☐ 안에 알맞은 수를 써넣으세요.

1 $3+8=$ ☐

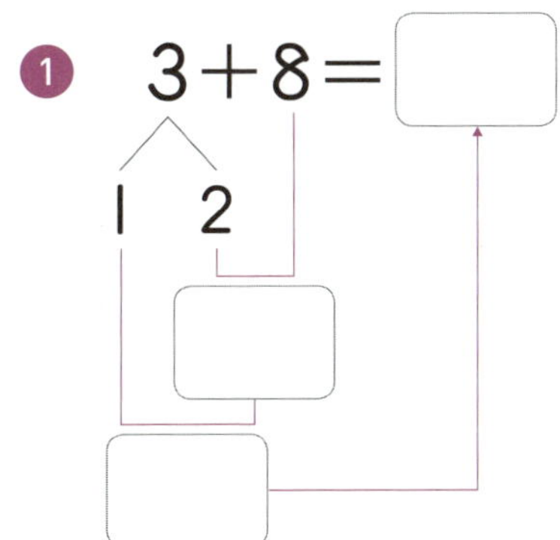

2 $4+7=$ ☐

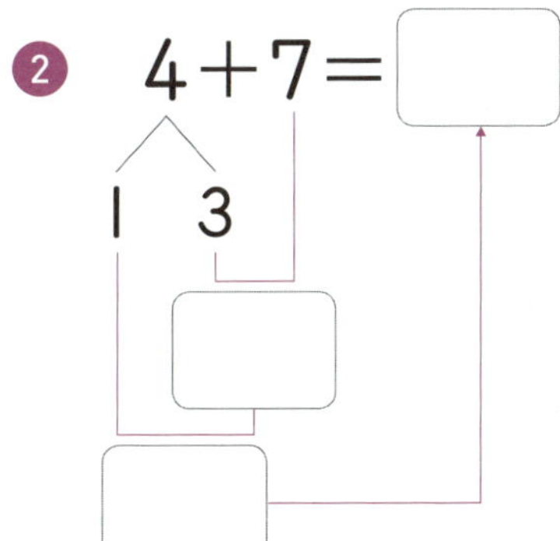

3 $5+9=$ ☐

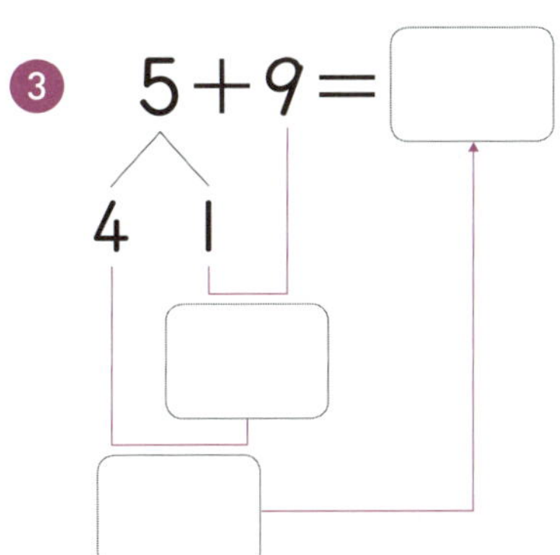

4 $6+8=$ ☐

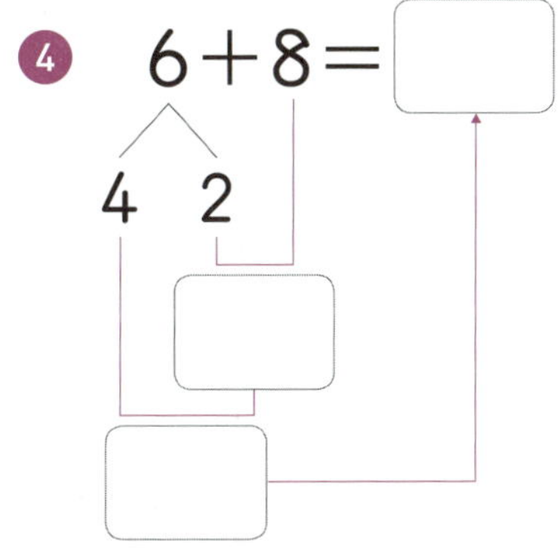

5 $8+4=$ ☐

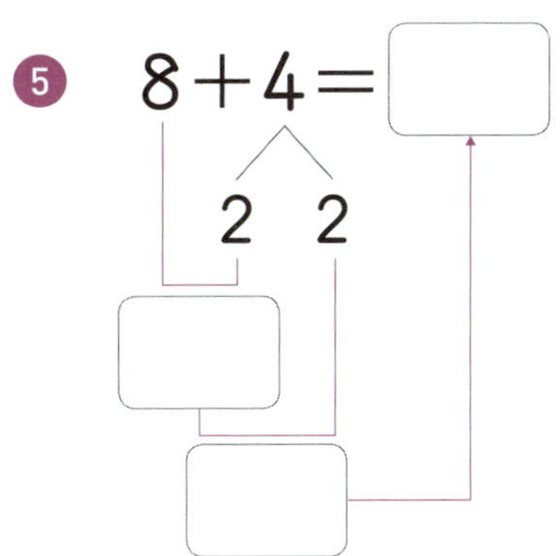

6 $7+6=$ ☐

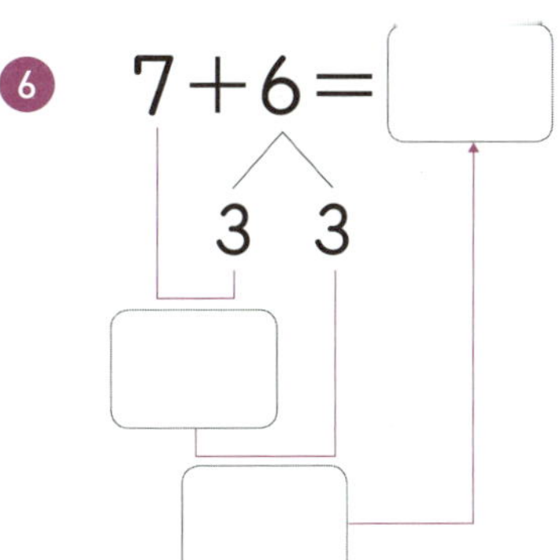

더하는 두 수 중 한 수를 가르기 하여
합이 10이 되는 두 수를 먼저 계산하면 쉬워져요.

🐾 수를 가르기 하여 10이 되도록 만들어 덧셈을 하세요.

❶ $9+2=9+1+\boxed{}$
    $=10+\boxed{}$
    $=\boxed{}$

❷ $5+7=\boxed{}+3+7$
    $=\boxed{}+10$
    $=\boxed{}$

❸ $8+4=8+2+\boxed{}$
    $=10+\boxed{}$
    $=\boxed{}$

❹ $3+9=\boxed{}+1+9$
    $=\boxed{}+10$
    $=\boxed{}$

❺ $9+7=9+1+\boxed{}$
    $=10+\boxed{}$
    $=\boxed{}$

❻ $5+8=\boxed{}+2+8$
    $=\boxed{}+10$
    $=\boxed{}$

❼ $6+5=6+\boxed{}+\boxed{}$
    $=10+\boxed{}$
    $=\boxed{}$

❽ $8+9=\boxed{}+\boxed{}+9$
    $=\boxed{}+10$
    $=\boxed{}$

생각이 자라는 **사고력 문제**

쉬운 응용 문제로 기초 사고력을 키워 봐요!

🐾 ◯ 안에 세 수의 합을 써넣으세요.

1

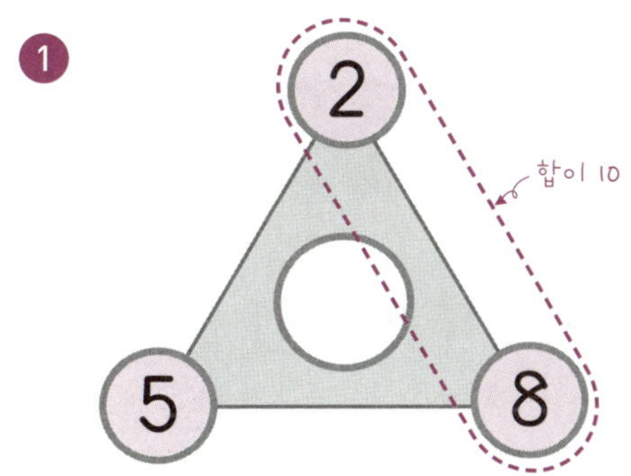

2

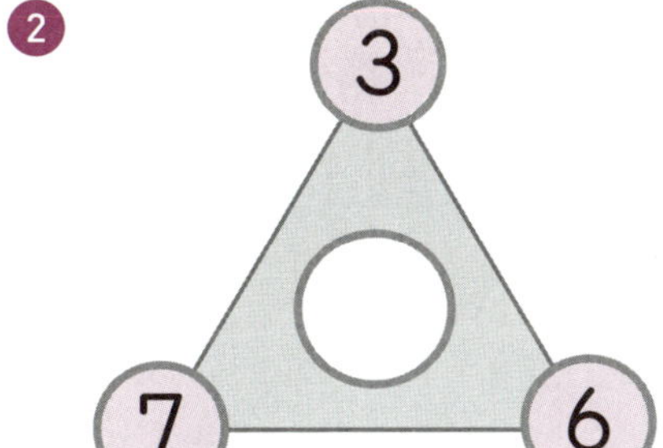

3

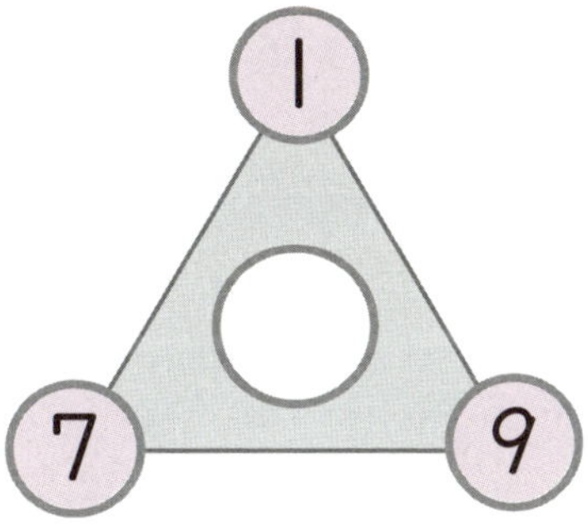

4

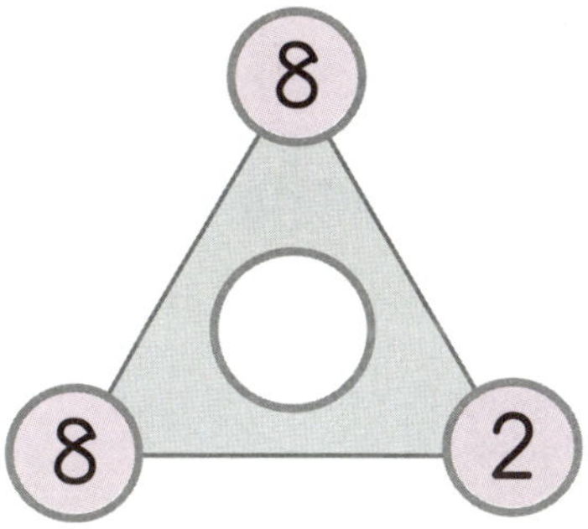

5

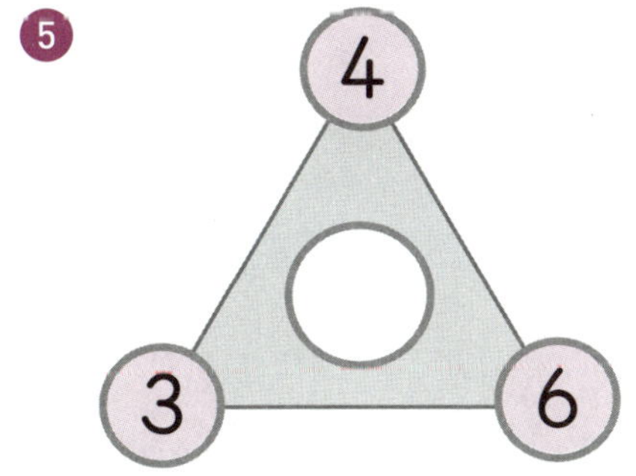

6

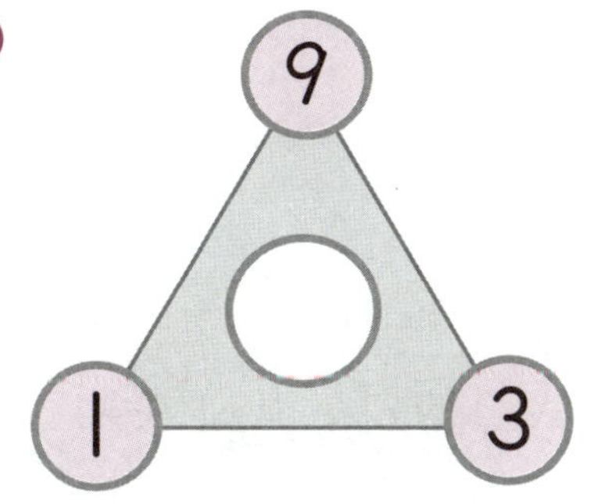

7

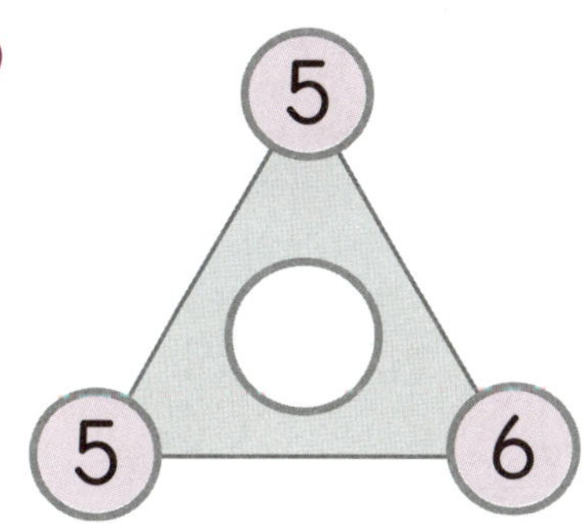

일의 자리의 10은 십의 자리의 1과 같아

☆ 받아올림이 있는 (한 자리 수)+(한 자리 수)

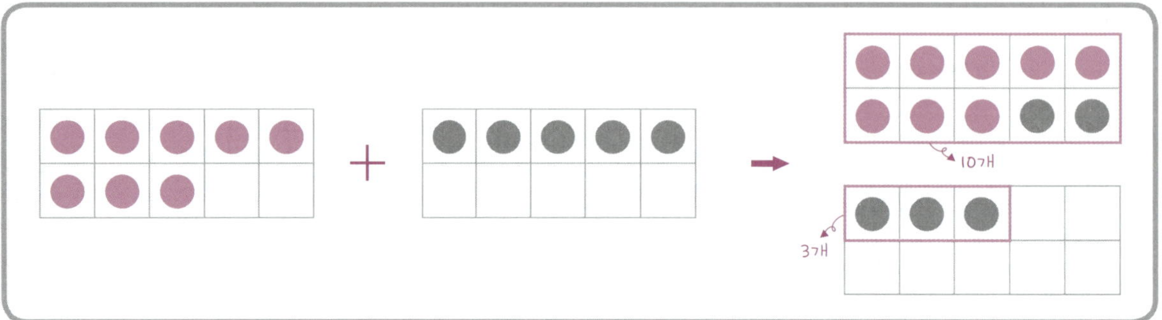

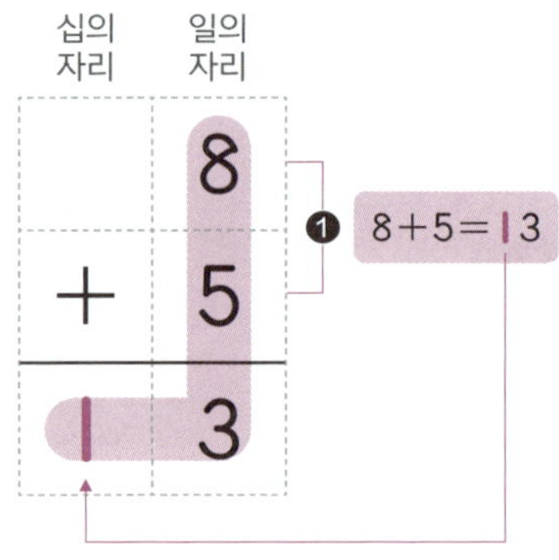

🐾 덧셈을 하세요.

①
$$\begin{array}{r} 2 \\ +\ 9 \\ \hline \end{array}$$

②
$$\begin{array}{r} 5 \\ +\ 6 \\ \hline \end{array}$$

③
$$\begin{array}{r} 8 \\ +\ 6 \\ \hline \end{array}$$

④
$$\begin{array}{r} 3 \\ +\ 8 \\ \hline \end{array}$$

⑤
$$\begin{array}{r} 6 \\ +\ 6 \\ \hline \end{array}$$

⑥
$$\begin{array}{r} 4 \\ +\ 8 \\ \hline \end{array}$$

⑦
$$\begin{array}{r} 9 \\ +\ 7 \\ \hline \end{array}$$

⑧
$$\begin{array}{r} 8 \\ +\ 7 \\ \hline \end{array}$$

⑨
$$\begin{array}{r} 5 \\ +\ 9 \\ \hline \end{array}$$

⑩ $3+9=$

⑪ $7+5=$

⑫ $8+8=$

⑬ $6+7=$

⑭ $8+6=$

⑮ $9+6=$

더하는 두 수에 따라 합이 어떻게 바뀌는지 확인해 봐요.

🐾 덧셈을 하세요.

1
$3+9=$
$4+9=$
$5+9=$

2
$4+6=$
$5+6=$
$6+6=$

3
$5+7=$
$6+7=$
$7+7=$

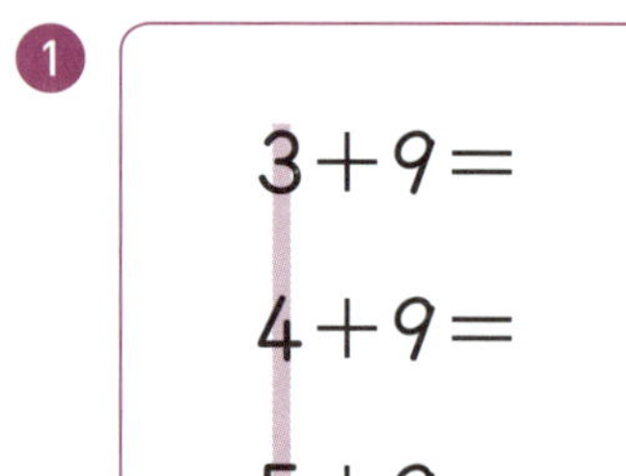

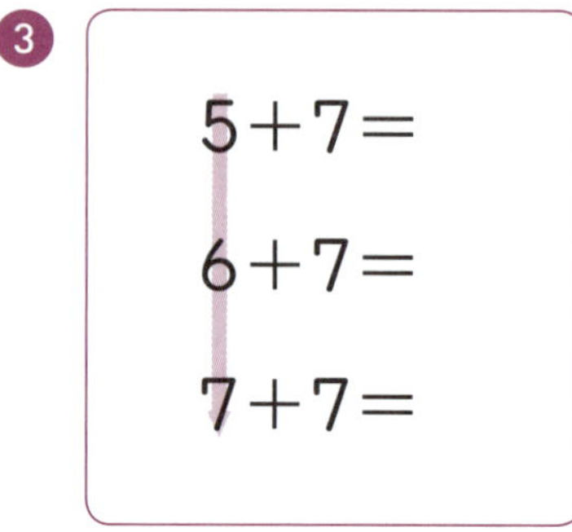

4
$9+4=$
$8+4=$
$7+4=$

5
$6+8=$
$5+8=$
$4+8=$

6
$8+5=$
$7+5=$
$6+5=$

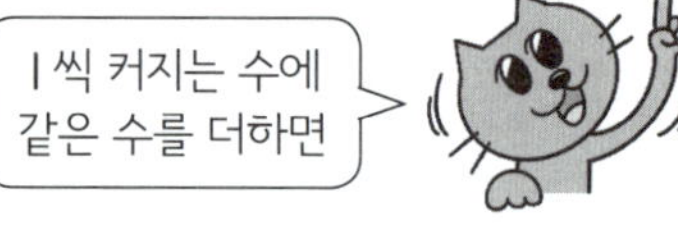

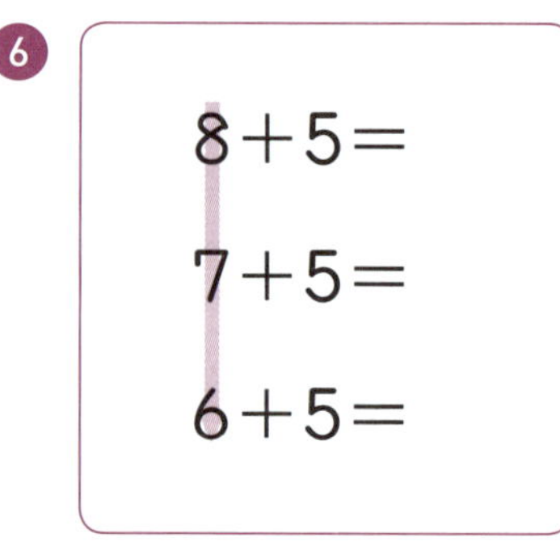

7
$7+4=$
$8+5=$
$9+6=$

8
$6+8=$
$5+7=$
$4+6=$

9
$4+9=$
$5+8=$
$6+7=$

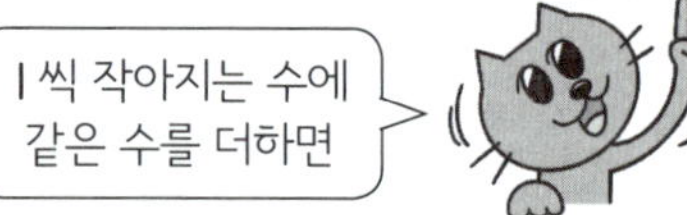

🐾 빈칸에 알맞은 수를 써넣으세요.

1 $2+9=\boxed{11}$　➡

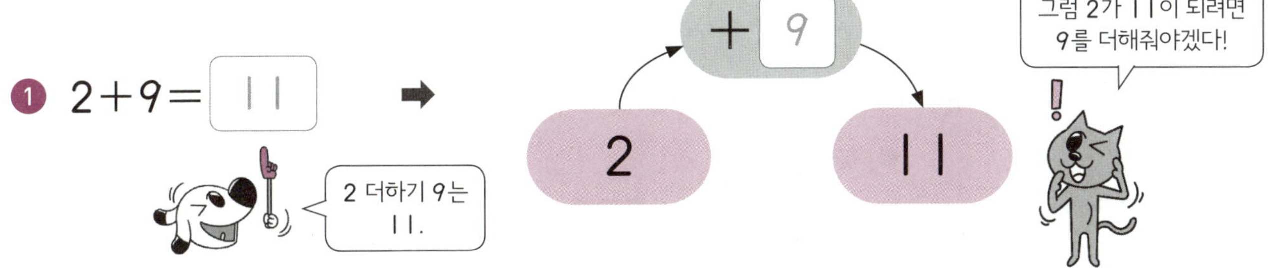

2 $8+7=\boxed{}$　➡

$+\boxed{}$
8
15

3 $6+9=\boxed{}$　➡

$+\boxed{}$
6
15

4 $4+8=\boxed{}$　➡

$+\boxed{}$
4
12

10 10이 되면 그 수는 1로 받아올림 해

☆ **받아올림이 있는 (두 자리 수)+(한 자리 수)**

• 세로로 계산하기

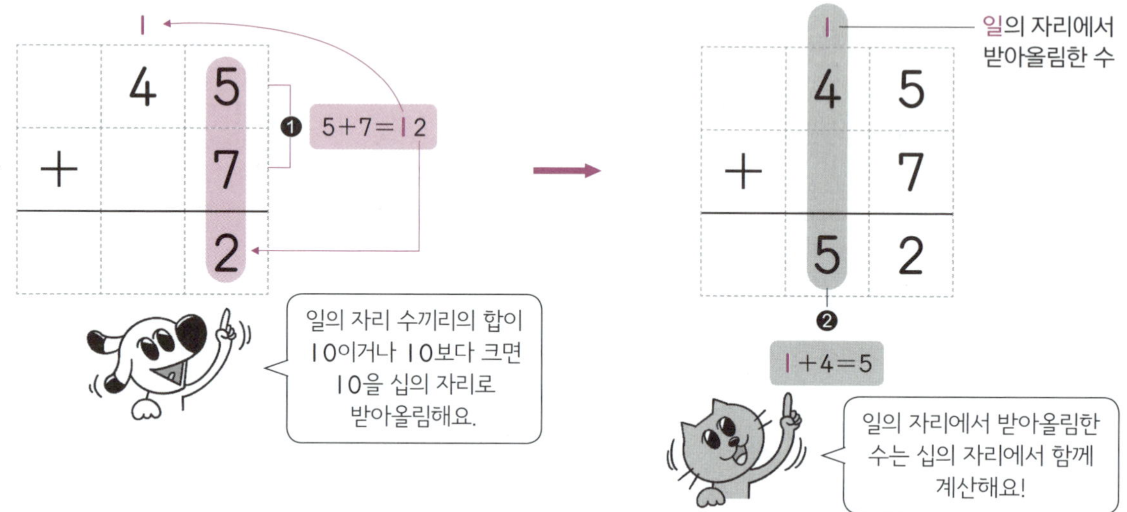

• 가로로 계산하기

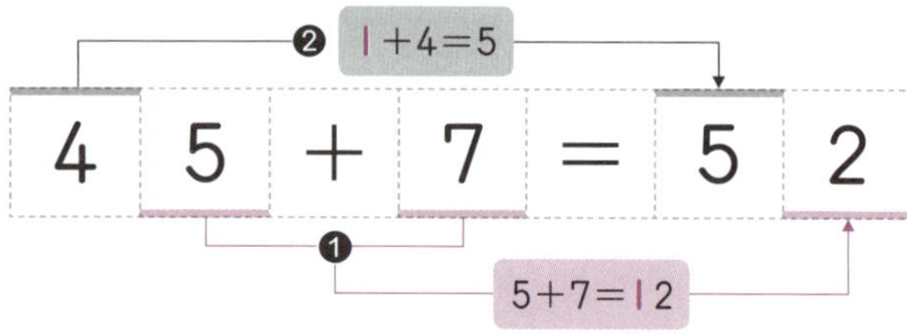

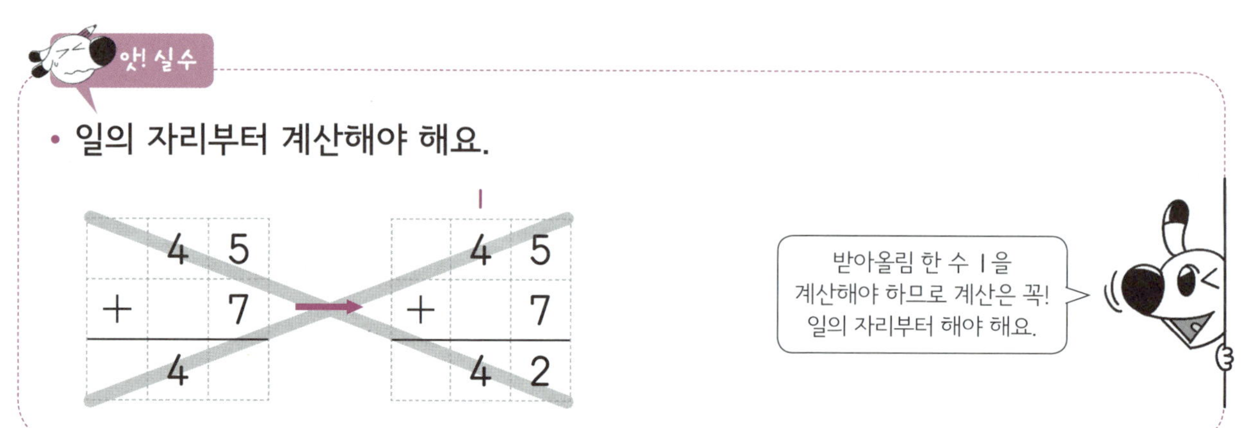

🐾 덧셈을 하세요.

①
$$\begin{array}{r} 4\ 3 \\ +\quad 7 \\ \hline \end{array}$$
❶ 3+7=10
❷ 1+4=5

②
$$\begin{array}{r} 2\ 8 \\ +\quad 3 \\ \hline \end{array}$$

③
$$\begin{array}{r} 7\ 4 \\ +\quad 9 \\ \hline \end{array}$$

④
$$\begin{array}{r} 1\ 7 \\ +\quad 3 \\ \hline \end{array}$$

⑤
$$\begin{array}{r} 6\ 5 \\ +\quad 8 \\ \hline \end{array}$$

⑥
$$\begin{array}{r} 2\ 6 \\ +\quad 6 \\ \hline \end{array}$$

⑦
$$\begin{array}{r} 5\ 2 \\ +\quad 9 \\ \hline \end{array}$$

⑧
$$\begin{array}{r} 3\ 9 \\ +\quad 5 \\ \hline \end{array}$$

⑨
$$\begin{array}{r} 8\ 1 \\ +\quad 9 \\ \hline \end{array}$$

⑩ $47+6=$
❶ 7+6=13
❷ 1+4=5

⑪ $69+2=$

⑫ $73+8=$

⑬ $34+7=$

⑭ $87+5=$

일의 자리 먼저 계산한 다음 십의 자리를 계산해요.

🐾 덧셈을 하세요.

1)
$$\begin{array}{r} 1\ 8 \\ +\quad 6 \\ \hline \end{array}$$

2)
$$\begin{array}{r} 5\ 7 \\ +\quad 8 \\ \hline \end{array}$$

3)
$$\begin{array}{r} 7\ 2 \\ +\quad 9 \\ \hline \end{array}$$

4)
$$\begin{array}{r} 8\ 4 \\ +\quad 8 \\ \hline \end{array}$$

5)
$$\begin{array}{r} 2\ 5 \\ +\quad 6 \\ \hline \end{array}$$

6)
$$\begin{array}{r} 4\ 8 \\ +\quad 9 \\ \hline \end{array}$$

7)
$$\begin{array}{r} 6\ 3 \\ +\quad 8 \\ \hline \end{array}$$

8)
$$\begin{array}{r} 8\ 9 \\ +\quad 2 \\ \hline \end{array}$$

9)
$$\begin{array}{r} 3\ 6 \\ +\quad 7 \\ \hline \end{array}$$

10) $56+8=$

11) $19+7=$

12) $77+8=$

13) $41+9=$

14) $64+7=$

15) $38+6=$

🐾 덧셈을 하세요.

①
$$\begin{array}{r} 3\ 8 \\ +\quad 8 \\ \hline \end{array}$$

②
$$\begin{array}{r} 2\ 9 \\ +\quad 4 \\ \hline \end{array}$$

③
$$\begin{array}{r} 8\ 6 \\ +\quad 5 \\ \hline \end{array}$$

④
$$\begin{array}{r} 5\ 7 \\ +\quad 4 \\ \hline \end{array}$$

⑤
$$\begin{array}{r} 7\ 9 \\ +\quad 3 \\ \hline \end{array}$$

⑥
$$\begin{array}{r} 4\ 2 \\ +\quad 8 \\ \hline \end{array}$$

⑦
$$\begin{array}{r} 1\ 5 \\ +\quad 9 \\ \hline \end{array}$$

⑧
$$\begin{array}{r} 6\ 7 \\ +\quad 7 \\ \hline \end{array}$$

⑨
$$\begin{array}{r} 5\ 4 \\ +\quad 9 \\ \hline \end{array}$$

⑩ $36+4=$

⑪ $56+4=$

⑫ $85+5=$

⑬ $62+9=$

⑭ $44+8=$

도전! 땅 짚고 헤엄치는 문장제

쉬운 문장제로 연산의 기본 개념을 익혀 봐요!

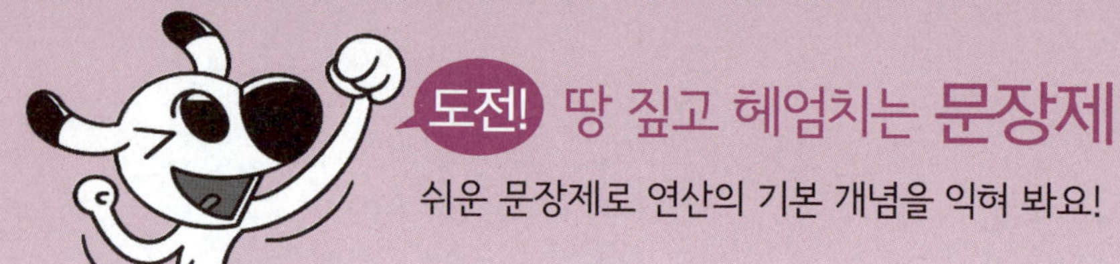

그림을 보고 □ 안에 알맞은 수를 써넣으세요.

1

반장 선거에서 주원이와 성은이가 얻은 표는 모두 □ 표입니다.

2

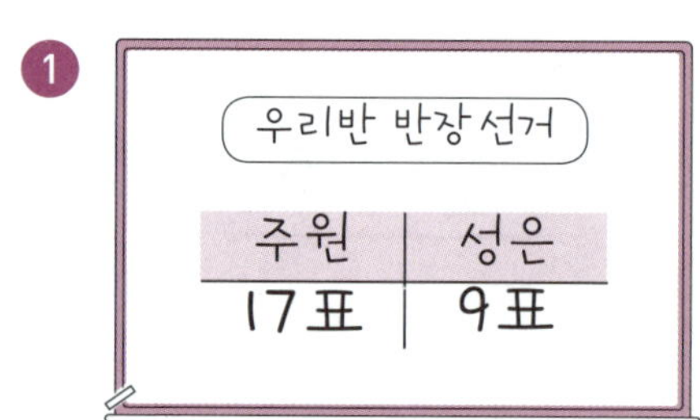

가은이의 아버지는 마흔여섯 살, 가은이는 아홉 살입니다. 가은이 아버지와 가은이의 나이의 합은 □ 살입니다.

3

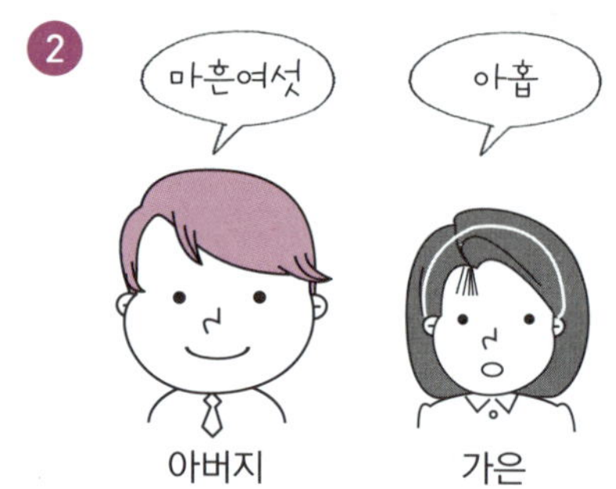

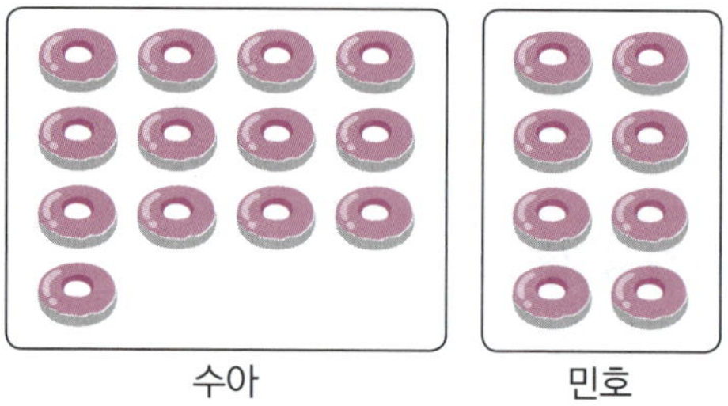

도넛을 수아는 13개, 민호는 8개 샀습니다. 수아와 민호가 산 도넛은 모두 □ 개입니다.

11 아래에서 10은 위에서 1

☆ 일의 자리에서 받아올림이 있는 (두 자리 수)+(두 자리 수)

• 세로로 계산하기

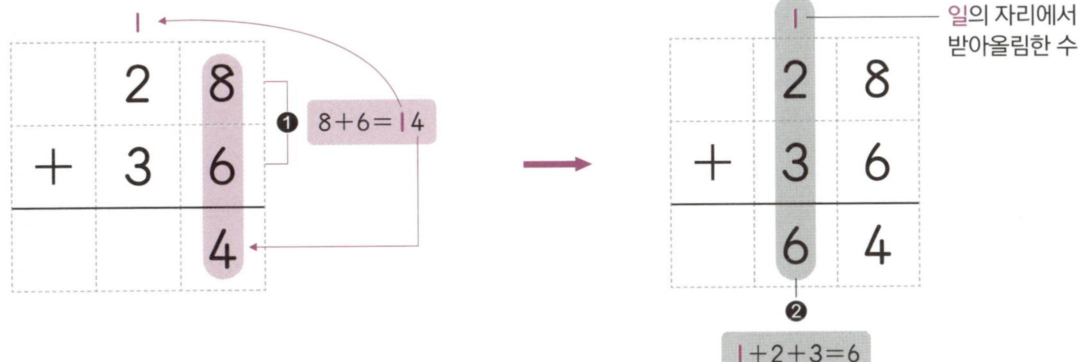

• 가로로 계산하기

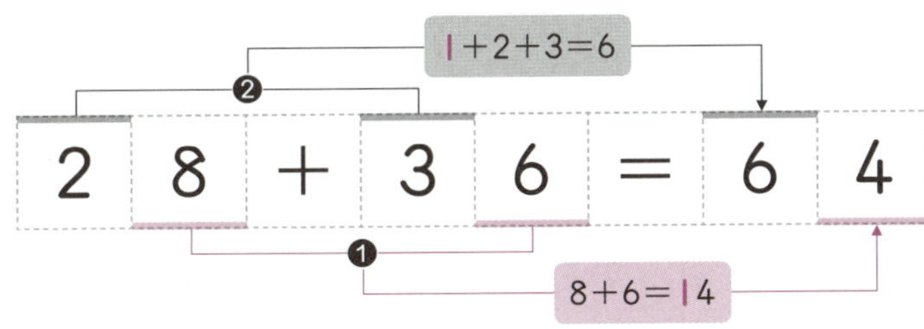

• 받아올림한 수를 잊지 않도록 조심해요!

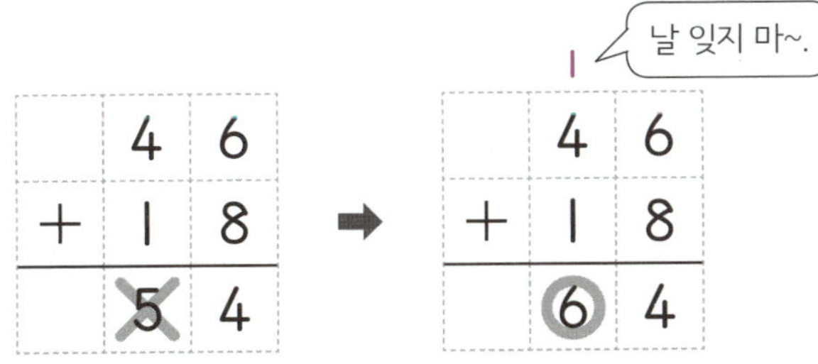

일의 자리에서 받아올림한 수는
십의 자리 위에 작게 쓴 다음
십의 자리 계산할 때 꼭 더해요.

🐾 덧셈을 하세요.

①
$$\begin{array}{r} 1\ 5 \\ +\ 1\ 7 \\ \hline \end{array}$$
❶ 5+7=12
❷ 1+1+1=3

②
$$\begin{array}{r} 2\ 8 \\ +\ 1\ 3 \\ \hline \end{array}$$

③
$$\begin{array}{r} 3\ 4 \\ +\ 3\ 8 \\ \hline \end{array}$$

④
$$\begin{array}{r} 4\ 6 \\ +\ 4\ 9 \\ \hline \end{array}$$

⑤
$$\begin{array}{r} 5\ 3 \\ +\ 2\ 7 \\ \hline \end{array}$$

⑥
$$\begin{array}{r} 6\ 7 \\ +\ 1\ 6 \\ \hline \end{array}$$

⑦
$$\begin{array}{r} 2\ 9 \\ +\ 3\ 2 \\ \hline \end{array}$$

⑧
$$\begin{array}{r} 1\ 6 \\ +\ 6\ 6 \\ \hline \end{array}$$

⑨
$$\begin{array}{r} 7\ 2 \\ +\ 1\ 8 \\ \hline \end{array}$$

⑩ 13+39=
❶ 3+9=12
❷ 1+1+3=5

⑪ 44+27=

⑫ 35+56=

⑬ 56+18=

⑭ 65+28=

⑮ 27+57=

🐾 덧셈을 하세요.

1
```
   2 6
+  2 5
```

2
```
   4 3
+  2 9
```

3
```
   6 8
+  1 3
```

4
```
   1 9
+  1 4
```

5
```
   3 2
+  4 8
```

6
```
   5 4
+  3 7
```

7
```
   7 5
+  1 9
```

8
```
   2 7
+  3 8
```

9
```
   6 6
+  2 6
```

10 $37+26=$

11 $24+48=$

12 $48+15=$

13 $16+74=$

14 $45+37=$

15 $29+59=$

🐾 덧셈을 하세요.

①
```
  1 8
+ 2 8
```

②
```
  2 6
+ 3 4
```

③
```
  3 5
+ 4 7
```

④
```
  5 4
+ 1 9
```

⑤
```
  3 9
+ 1 7
```

⑥
```
  4 6
+ 1 8
```

⑦
```
  2 2
+ 6 9
```

⑧
```
  4 8
+ 2 9
```

⑨
```
  5 6
+ 2 5
```

⑩ 46+47=

⑪ 28+27=

⑫ 19+46=

⑬ 63+19=

⑭ 54+38=

⑮ 39+59=

쉬운 응용 문제로 기초 사고력을 키워 봐요!

🐾 빈칸에 알맞은 수를 써넣으세요.

1

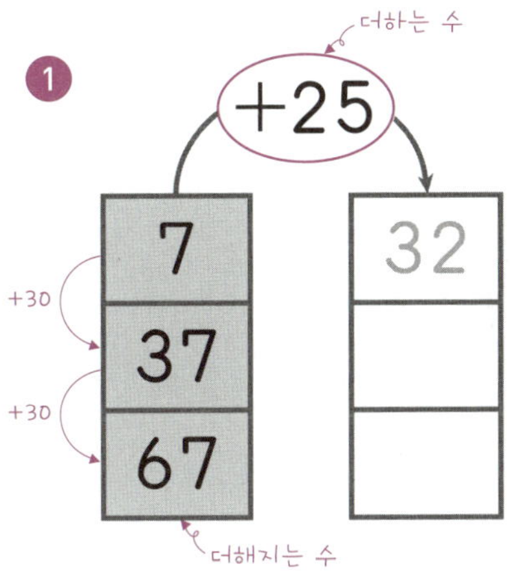

2

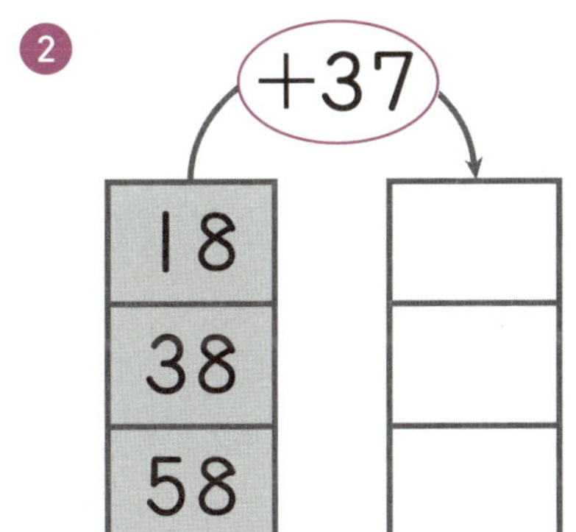

3

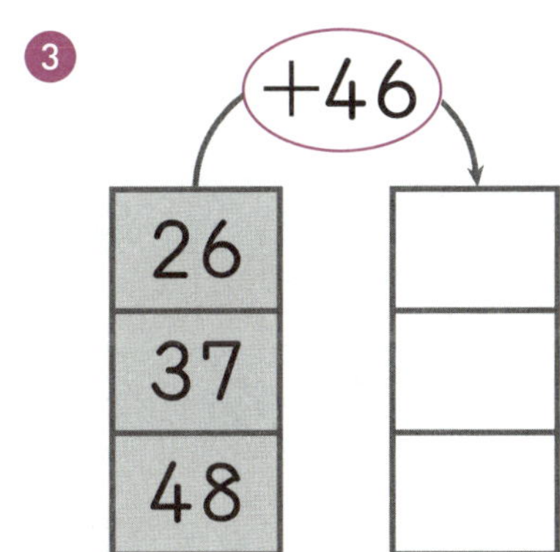

4

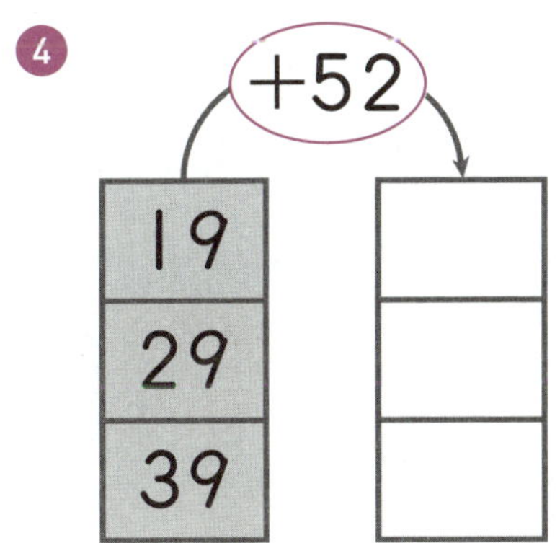

5

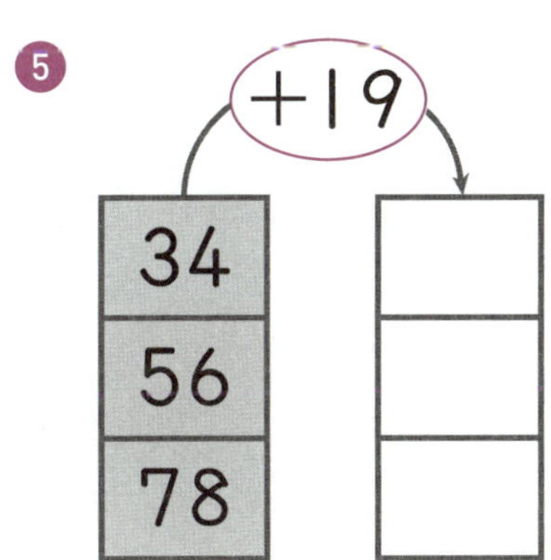

12 십의 자리의 10은 백의 자리의 1과 같아

☆ 십의 자리에서 받아올림이 있는 (두 자리 수)+(두 자리 수)

• 세로로 계산하기

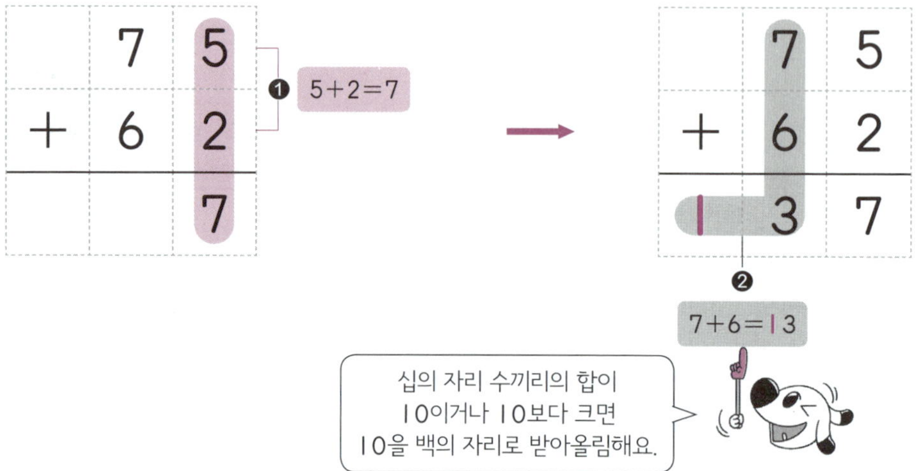

• 가로로 계산하기

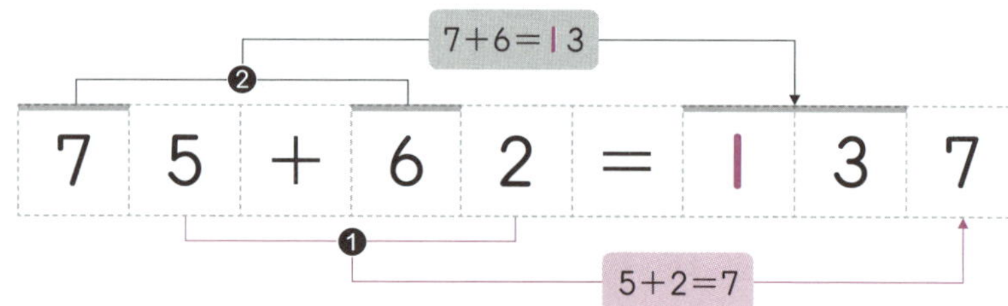

$$\begin{array}{r} 2\ 0 \\ +\ 8\ 0 \\ \hline 1\ 0\ 0 \end{array}$$

십의 자리에서 받아올림한 수는 백의 자리에 쓰면 돼요.

🐾 덧셈을 하세요.

①
$$\begin{array}{r} 6\ 1 \\ +\ 4\ 7 \\ \hline \end{array}$$
❶ 1+7=8
❷ 6+4=10

②
$$\begin{array}{r} 3\ 5 \\ +\ 8\ 2 \\ \hline \end{array}$$

③
$$\begin{array}{r} 1\ 4 \\ +\ 9\ 1 \\ \hline \end{array}$$

④
$$\begin{array}{r} 4\ 0 \\ +\ 8\ 6 \\ \hline \end{array}$$

⑤
$$\begin{array}{r} 8\ 7 \\ +\ 7\ 2 \\ \hline \end{array}$$

⑥
$$\begin{array}{r} 7\ 2 \\ +\ 5\ 3 \\ \hline \end{array}$$

⑦
$$\begin{array}{r} 9\ 6 \\ +\ 6\ 1 \\ \hline \end{array}$$

⑧
$$\begin{array}{r} 2\ 3 \\ +\ 9\ 4 \\ \hline \end{array}$$

⑨
$$\begin{array}{r} 5\ 8 \\ +\ 6\ 0 \\ \hline \end{array}$$

⑩ 38+71=
❶ 8+1=9
❷ 3+7=10

⑪ 70+67=

⑫ 62+76=

⑬ 43+93=

⑭ 54+93=

⑮ 82+66=

🐾 덧셈을 하세요.

①	$\begin{array}{r} 2\ 5 \\ +\ 8\ 1 \\ \hline \end{array}$	②	$\begin{array}{r} 8\ 0 \\ +\ 8\ 6 \\ \hline \end{array}$	③	$\begin{array}{r} 3\ 2 \\ +\ 9\ 4 \\ \hline \end{array}$
④	$\begin{array}{r} 4\ 3 \\ +\ 7\ 5 \\ \hline \end{array}$	⑤	$\begin{array}{r} 5\ 7 \\ +\ 8\ 2 \\ \hline \end{array}$	⑥	$\begin{array}{r} 7\ 6 \\ +\ 7\ 0 \\ \hline \end{array}$
⑦	$\begin{array}{r} 8\ 4 \\ +\ 9\ 4 \\ \hline \end{array}$	⑧	$\begin{array}{r} 6\ 1 \\ +\ 5\ 8 \\ \hline \end{array}$	⑨	$\begin{array}{r} 9\ 3 \\ +\ 9\ 2 \\ \hline \end{array}$

⑩ $42+83=$ ⑪ $57+71=$

⑫ $63+64=$ ⑬ $33+86=$

⑭ $91+75=$ ⑮ $74+85=$

🐾 덧셈을 하세요.

①
$$\begin{array}{r} 7\ 1 \\ +\ 4\ 6 \\ \hline \end{array}$$

②
$$\begin{array}{r} 7\ 4 \\ +\ 7\ 2 \\ \hline \end{array}$$

③
$$\begin{array}{r} 4\ 2 \\ +\ 9\ 3 \\ \hline \end{array}$$

④
$$\begin{array}{r} 6\ 5 \\ +\ 8\ 2 \\ \hline \end{array}$$

⑤
$$\begin{array}{r} 9\ 2 \\ +\ 3\ 4 \\ \hline \end{array}$$

⑥
$$\begin{array}{r} 8\ 8 \\ +\ 2\ 1 \\ \hline \end{array}$$

⑦
$$\begin{array}{r} 5\ 1 \\ +\ 8\ 7 \\ \hline \end{array}$$

⑧
$$\begin{array}{r} 9\ 3 \\ +\ 6\ 5 \\ \hline \end{array}$$

⑨
$$\begin{array}{r} 6\ 1 \\ +\ 4\ 8 \\ \hline \end{array}$$

⑩ 34+94=

⑪ 77+32=

⑫ 52+86=

⑬ 64+72=

⑭ 95+21=

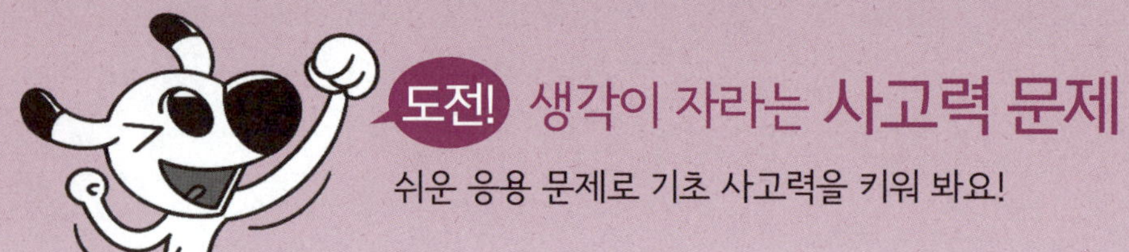

🐾 빈칸에 알맞은 수를 써넣고, 합의 규칙을 알아보세요.

1

2

3

13 받아올림을 쓸 땐 항상 1

☆ 일, 십의 자리에서 받아올림이 있는 (두 자리 수)+(두 자리 수)

• 세로로 계산하기

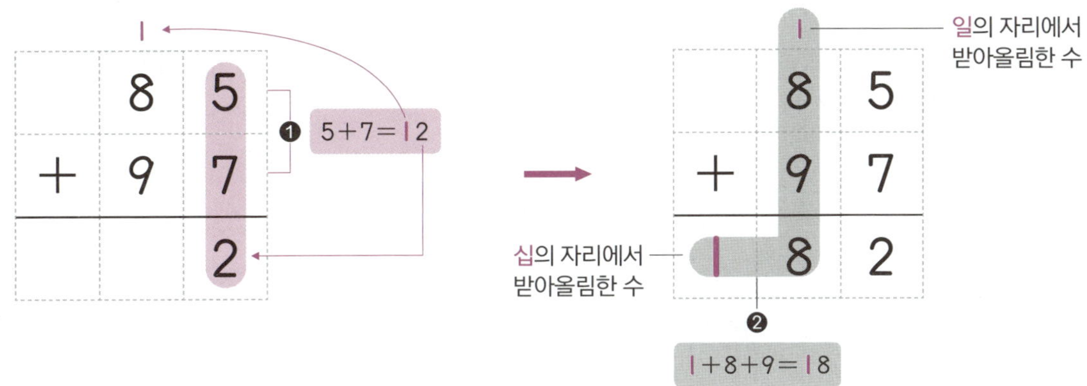

• 가로로 계산하기

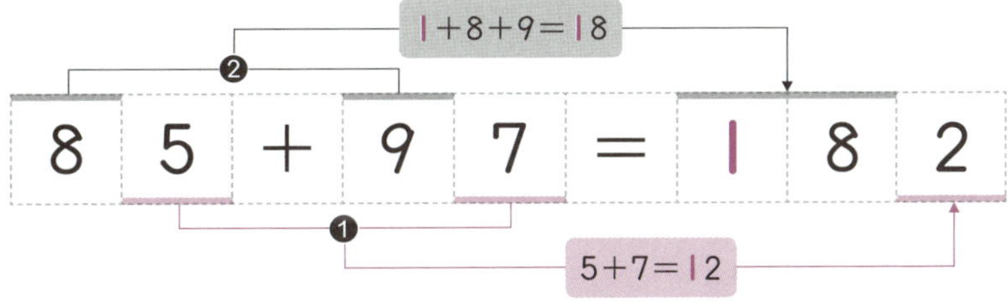

🐾 덧셈을 하세요.

1

$$\begin{array}{r} 2\ 8 \\ +\ 9\ 2 \\ \hline \end{array}$$

❶ 8+2=10
❷ 1+2+9=12

2
$$\begin{array}{r} 5\ 7 \\ +\ 5\ 4 \\ \hline \end{array}$$

3
$$\begin{array}{r} 6\ 9 \\ +\ 7\ 1 \\ \hline \end{array}$$

4
$$\begin{array}{r} 7\ 6 \\ +\ 8\ 9 \\ \hline \end{array}$$

5
$$\begin{array}{r} 8\ 2 \\ +\ 3\ 8 \\ \hline \end{array}$$

6
$$\begin{array}{r} 9\ 8 \\ +\ 4\ 5 \\ \hline \end{array}$$

7
$$\begin{array}{r} 5\ 5 \\ +\ 8\ 7 \\ \hline \end{array}$$

8 39+83=

❶ 9+3=12
❷ 1+3+8=12

9 67+95=

10 86+75=

11 47+55=

12 72+28=

13 94+29=

🐾 덧셈을 하세요.

①
```
    3 6
  + 7 6
```

②
```
    7 2
  + 5 9
```

③
```
    1 7
  + 9 7
```

④
```
    5 4
  + 4 8
```

⑤
```
    6 5
  + 5 6
```

⑥
```
    4 9
  + 9 6
```

⑦
```
    7 3
  + 7 9
```

⑧
```
    8 8
  + 6 8
```

⑨
```
    9 4
  + 7 9
```

⑩ 26+79=

⑪ 54+77=

⑫ 99+68=

⑬ 85+25=

⑭ 76+87=

⑮ 48+83=

🐾 덧셈을 하세요.

①
$$\begin{array}{r} 6\ 9 \\ +\ 6\ 3 \\ \hline \end{array}$$

②
$$\begin{array}{r} 7\ 8 \\ +\ 7\ 6 \\ \hline \end{array}$$

③
$$\begin{array}{r} 4\ 5 \\ +\ 6\ 7 \\ \hline \end{array}$$

④
$$\begin{array}{r} 9\ 2 \\ +\ 1\ 9 \\ \hline \end{array}$$

⑤
$$\begin{array}{r} 6\ 7 \\ +\ 4\ 8 \\ \hline \end{array}$$

⑥
$$\begin{array}{r} 8\ 6 \\ +\ 1\ 9 \\ \hline \end{array}$$

⑦
$$\begin{array}{r} 5\ 7 \\ +\ 9\ 3 \\ \hline \end{array}$$

⑧
$$\begin{array}{r} 4\ 9 \\ +\ 6\ 4 \\ \hline \end{array}$$

⑨
$$\begin{array}{r} 3\ 8 \\ +\ 9\ 2 \\ \hline \end{array}$$

⑩ $56+69=$

⑪ $95+98=$

⑫ $39+75=$

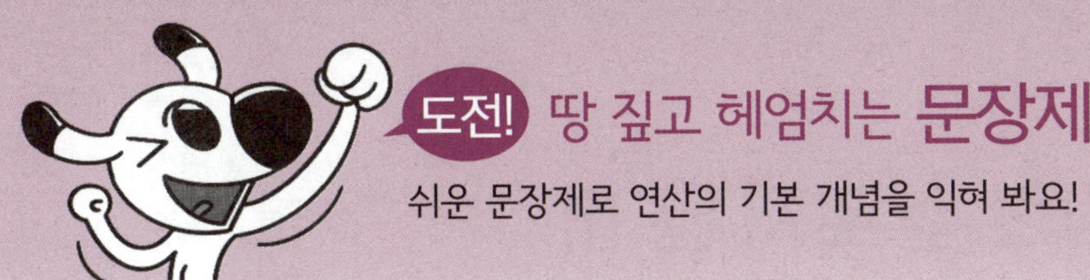

🐾 그림을 보고 ☐ 안에 알맞은 수를 써넣으세요.

1 

경희는 줄넘기를 65번 넘었고, 민재는 49번 넘었습니다. 경희와 민재가 넘은 줄넘기는 모두 ☐ 번입니다.

2 

언니의 몸무게는 57 킬로그램이고, 내 몸무게는 45 킬로그램입니다. 언니와 내 몸무게를 합하면 ☐ 킬로그램입니다.

3 

나는 오늘 수학 시험에서 93점, 국어 시험에서 89점을 받았습니다. 수학과 국어 점수를 합하면 ☐ 점입니다.

14 받아올림한 수 잊지 않기!

☆ 실수하기 쉬운 두 자리 수의 덧셈

실수 1 받아올림한 수를 계산하지 않은 경우

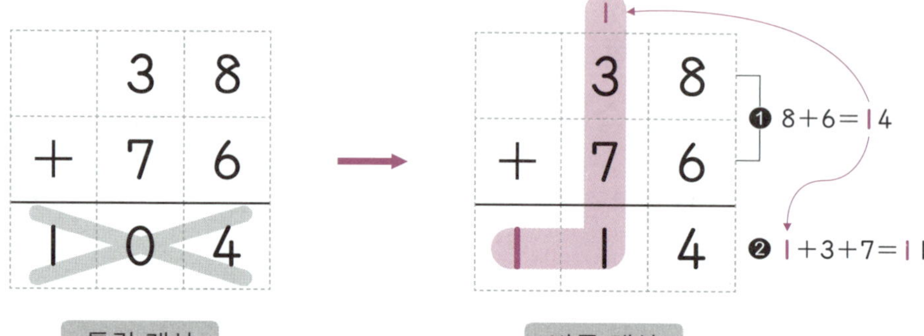

실수 2 계산을 잘못한 경우

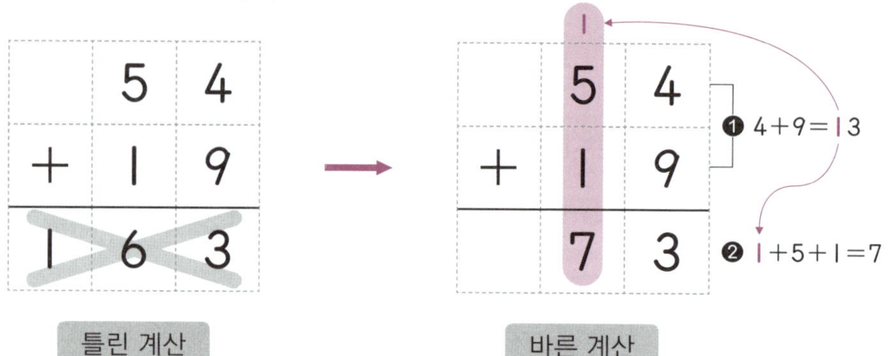

같은 자리 수끼리의 합이 10이거나 10보다 크면
바로 윗자리로 받아올리는 거 잊지 말아요.

🐾 덧셈을 하세요.

①
$$\begin{array}{r} 2\ 8 \\ +\ 6\ 2 \\ \hline \end{array}$$
❶ 8+2=10
❷ 1+2+6=9

②
$$\begin{array}{r} 3\ 5 \\ +\ 3\ 9 \\ \hline \end{array}$$

③
$$\begin{array}{r} 4\ 9 \\ +\ 1\ 2 \\ \hline \end{array}$$

④
$$\begin{array}{r} 7\ 1 \\ +\ 4\ 9 \\ \hline \end{array}$$

⑤
$$\begin{array}{r} 6\ 4 \\ +\ 8\ 7 \\ \hline \end{array}$$

⑥
$$\begin{array}{r} 9\ 3 \\ +\ 3\ 8 \\ \hline \end{array}$$

⑦
$$\begin{array}{r} 1\ 8 \\ +\ 7\ 4 \\ \hline \end{array}$$

⑧
$$\begin{array}{r} 8\ 6 \\ +\ 7\ 7 \\ \hline \end{array}$$

⑨
$$\begin{array}{r} 4\ 2 \\ +\ 3\ 8 \\ \hline \end{array}$$

⑩ 34+73=
❶ 4+3=7
❷ 3+7=10

⑪ 76+69=
❶ 6+9=15
❷ 1+7+6=14

⑫ 29+47=

⑬ 52+96=

⑭ 67+72=

⑮ 83+37=

🐾 덧셈을 하세요.

1
$$\begin{array}{r} 1\ 8 \\ +\ 9\ 2 \\ \hline \end{array}$$

2
$$\begin{array}{r} 5\ 3 \\ +\ 8\ 6 \\ \hline \end{array}$$

3
$$\begin{array}{r} 9\ 5 \\ +\ 3\ 7 \\ \hline \end{array}$$

4
$$\begin{array}{r} 7\ 4 \\ +\ 6\ 8 \\ \hline \end{array}$$

5
$$\begin{array}{r} 4\ 6 \\ +\ 5\ 4 \\ \hline \end{array}$$

6
$$\begin{array}{r} 8\ 3 \\ +\ 5\ 3 \\ \hline \end{array}$$

7
$$\begin{array}{r} 6\ 7 \\ +\ 4\ 8 \\ \hline \end{array}$$

8
$$\begin{array}{r} 8\ 2 \\ +\ 2\ 7 \\ \hline \end{array}$$

9
$$\begin{array}{r} 7\ 9 \\ +\ 3\ 5 \\ \hline \end{array}$$

10 $47+18=$

11 $86+28=$

12 $17+56=$

13 $54+95=$

14 $65+86=$

15 $92+79=$

🐾 ○ 안에 계산 결과가 맞으면 ○표, 틀리면 ×표 하고, 틀린 계산은 바르게 풀어
보세요.

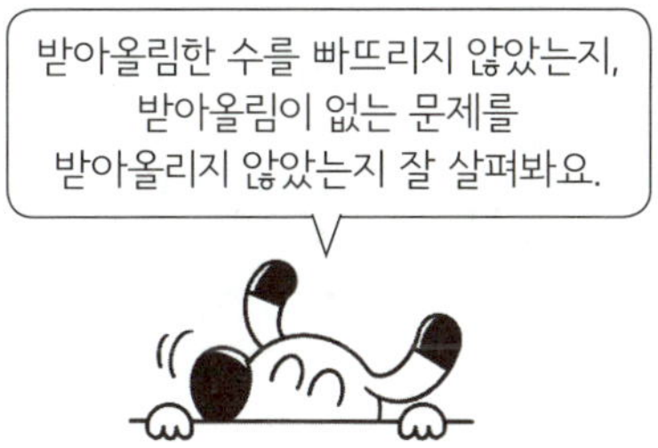

1 ⊗

```
   4 9
 + 2 7
 ─────
   6 6
```
→
```
   4 9
 + 2 7
 ─────
```

2 ○

```
   5 3
 + 8 6
 ─────
 1 4 9
```
→
```
   5 3
 + 8 6
 ─────
```

3 ○

```
   1 7
 + 8 5
 ─────
 1 0 2
```
→
```
   1 7
 + 8 5
 ─────
```

4 ○

```
   3 8
 + 9 7
 ─────
 1 2 5
```
→
```
   3 8
 + 9 7
 ─────
```

세 수의 덧셈은 두 수씩 차례로!

☆ **45+29+38의 계산**

- **세로로 계산하기**

①
$$\begin{array}{r} 4\ 5 \\ +\ 2\ 9 \\ \hline 7\ 4 \end{array}$$

②
$$\begin{array}{r} 7\ 4 \\ +\ 3\ 8 \\ \hline 1\ 1\ 2 \end{array}$$

- **가로로 계산하기**

$$45+29+38=\boxed{}^{1}$$

❶ 74
❷ 112

- **합이 몇십이 되는 두 수를 찾아 먼저 더하면 계산이 편리해요.**

합이 60

$$17+36+24=77$$

❶ 60
❷ 77

합이 50

$$34+19+16=69$$

❶ 50
❷ 69

앞의 두 수부터 차례로 더하는 연습을 해야 하지만
더하기 쉬운 두 수를 먼저 더해도 돼요.

🐾 세 수의 덧셈을 하세요.

1 $26+8+5=$

2 $43+9+8=$

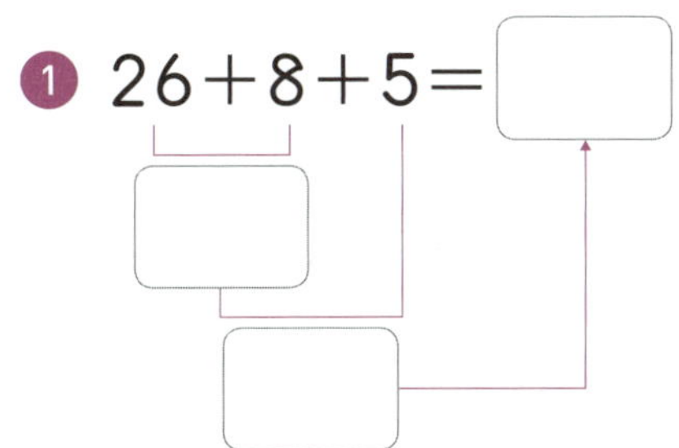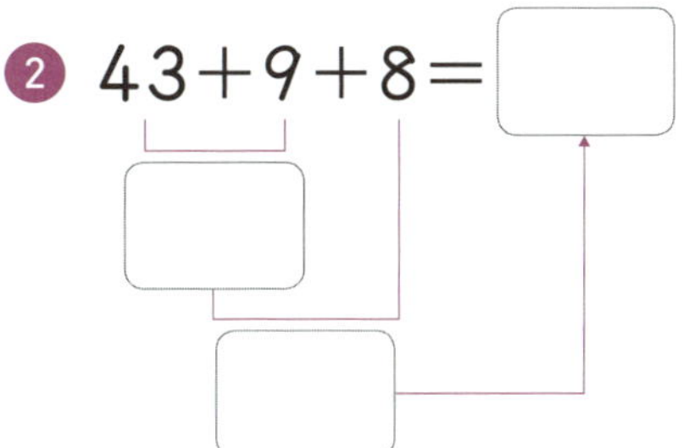

3 $65+7+9=$

4 $56+6+14=$

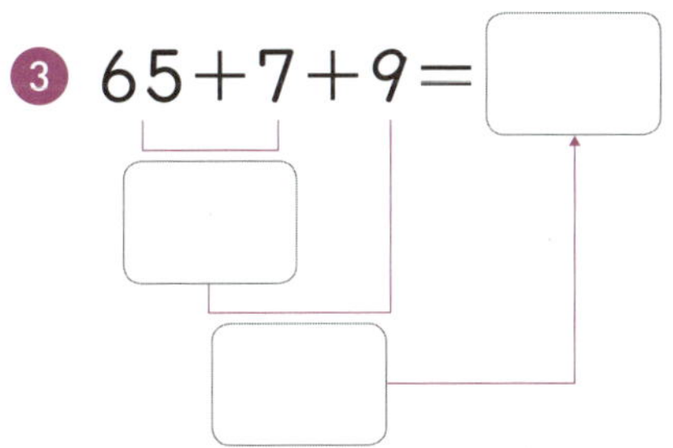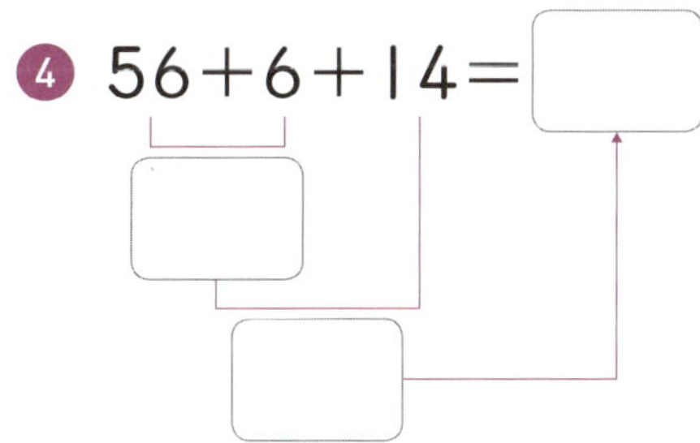

5 $37+18+7=$

6 $9+25+16=$

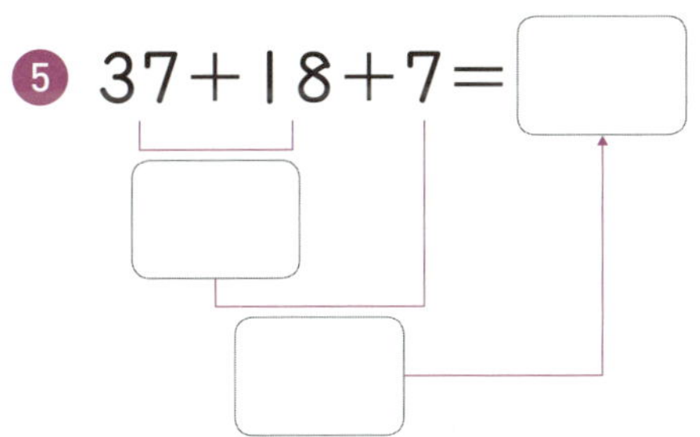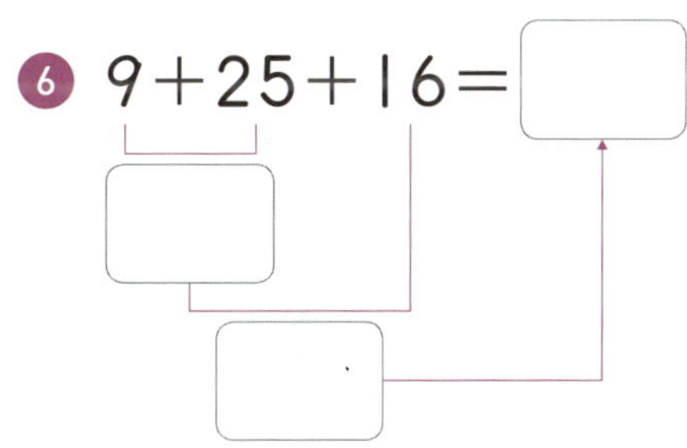

7 $18+24+49=$

8 $49+13+18=$

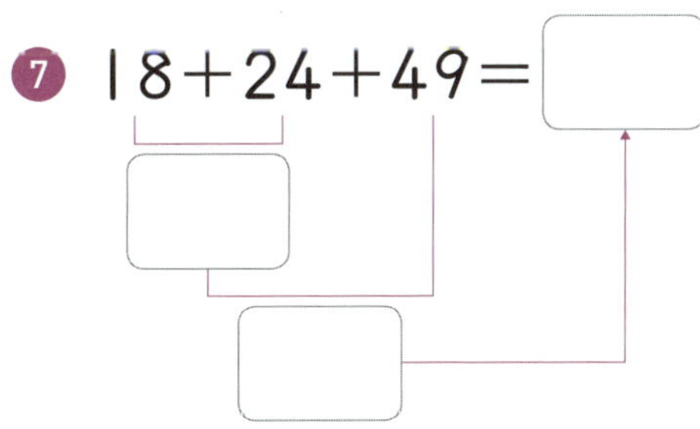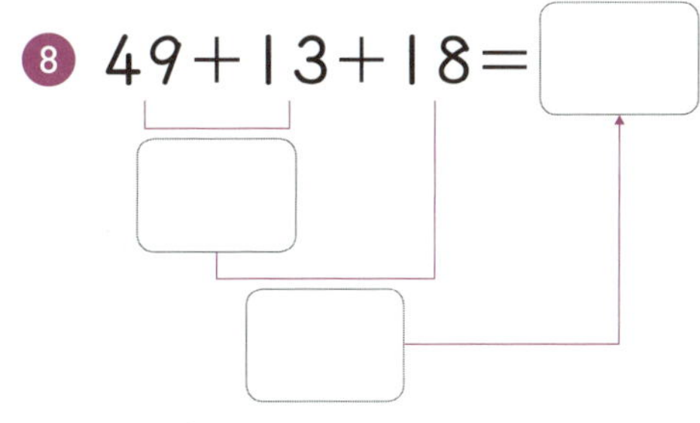

9 $34+9+8=$

10 $72+9+17=$

🐾 세 수의 덧셈을 하세요.

1 $15+19+13=$ ☐

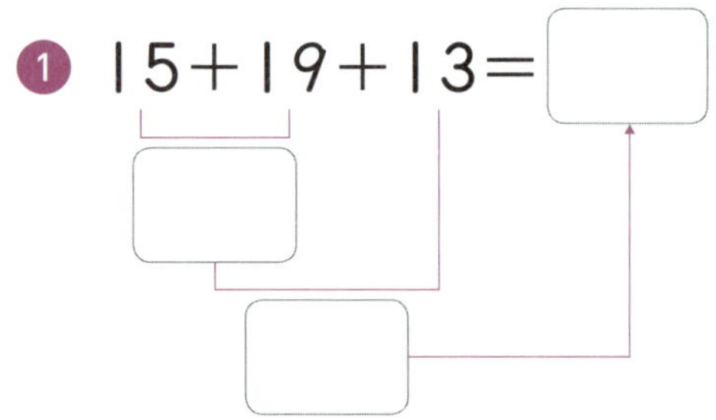

2 $18+35+16=$ ☐

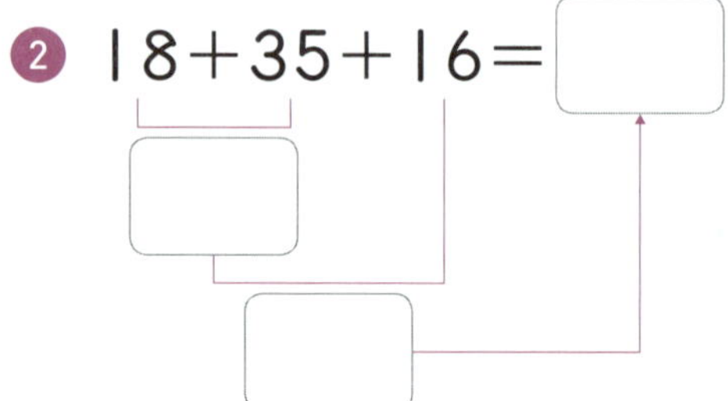

3 $34+17+29=$ ☐

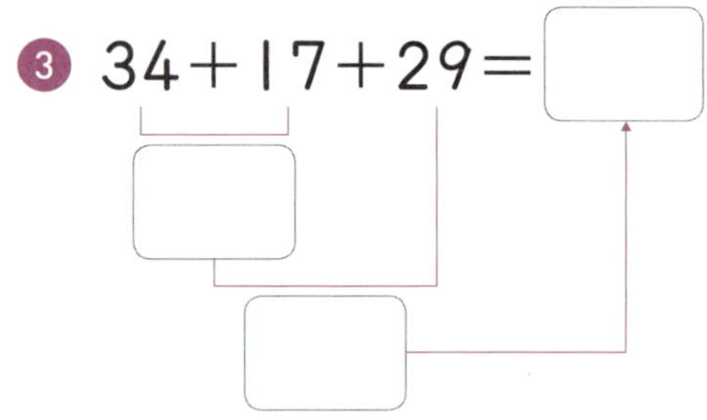

4 $29+24+27=$ ☐

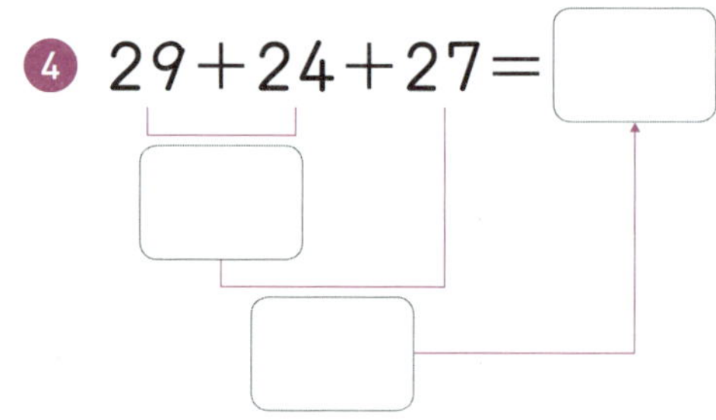

5 $57+18+16=$ ☐

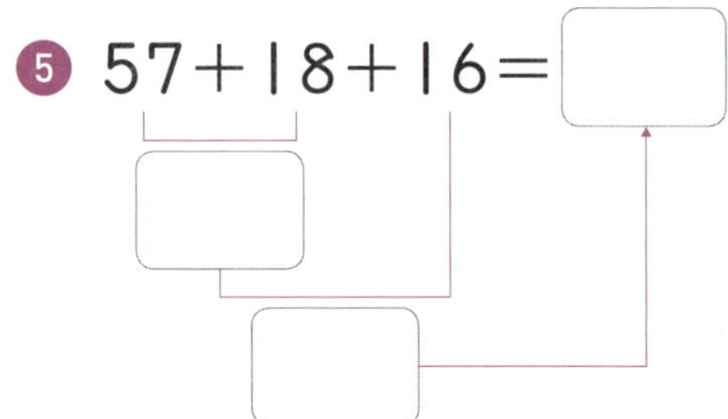

6 $16+44+33=$ ☐

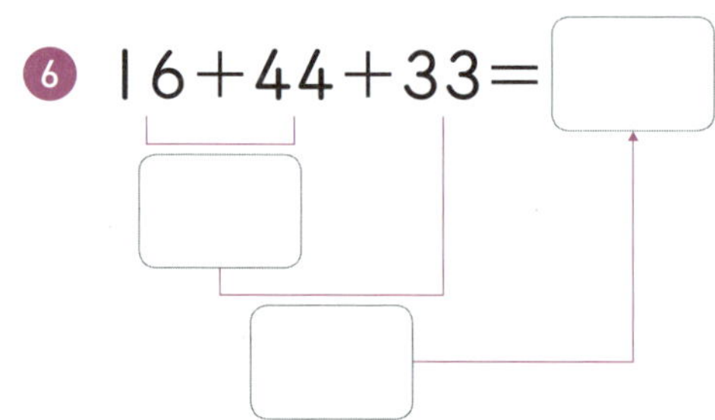

7 $45+28+19=$ ☐

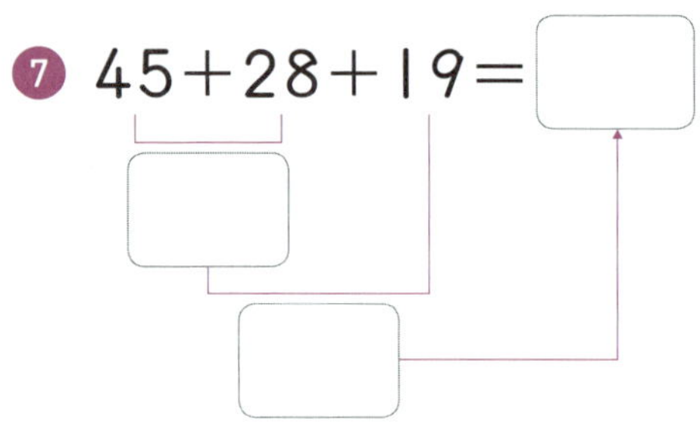

8 $37+26+57=$ ☐

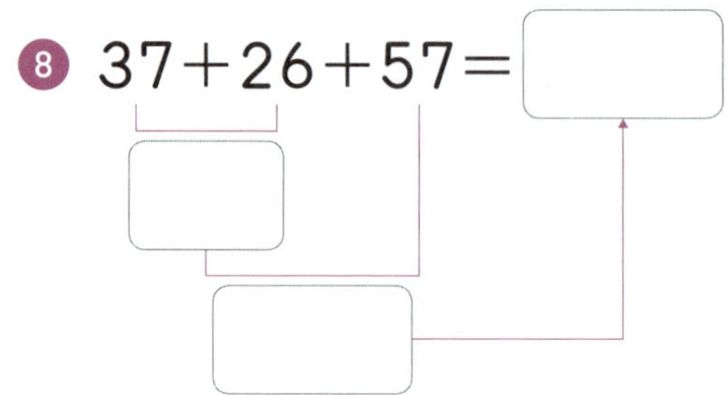

9 $69+13+88=$ ☐

10 $24+49+77=$ ☐

생각이 자라는 사고력 문제

쉬운 응용 문제로 기초 사고력을 키워 봐요!

 세 수의 합을 빈 곳에 써넣으세요.

① 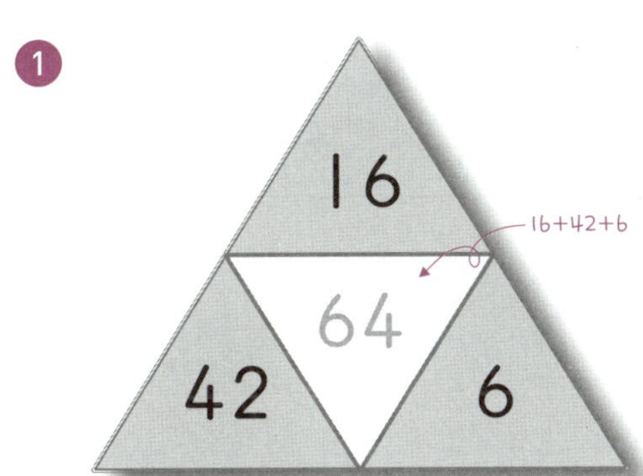

② 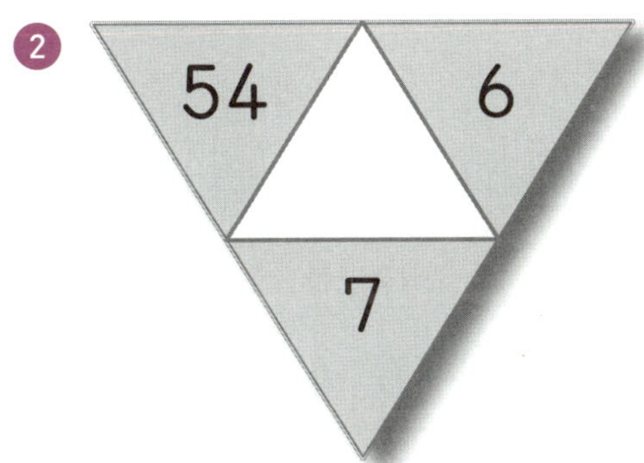

③ 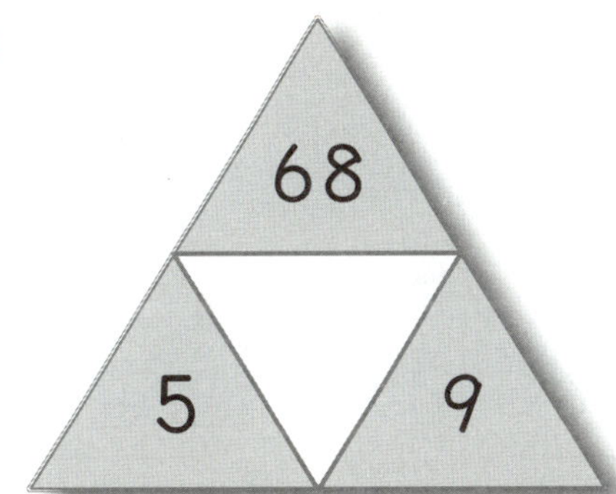

④ 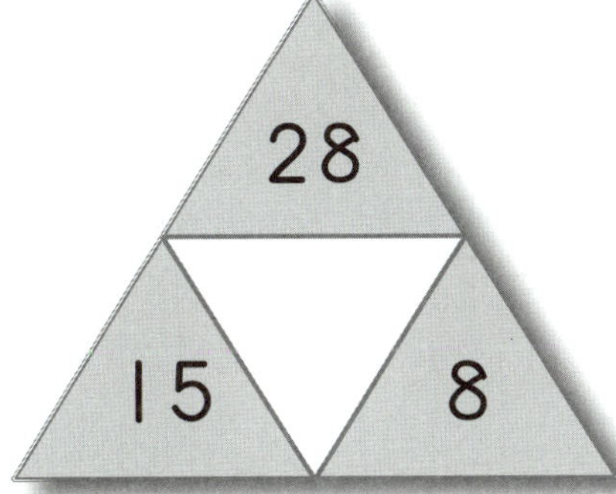

⑤ 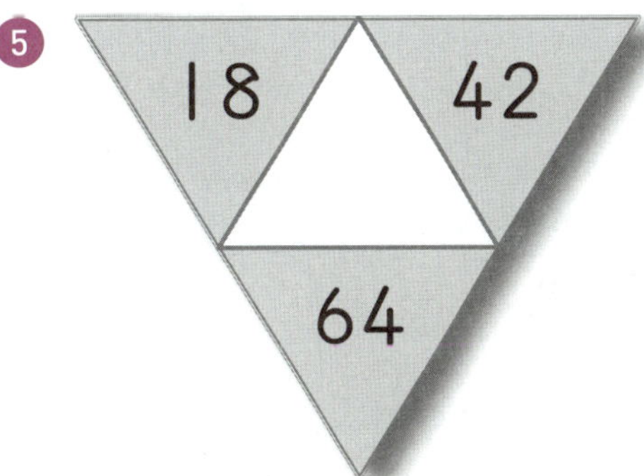

16 덧셈 집중 훈련 종합 문제

🐾 덧셈을 하세요.

❶	9 + 6	❷	4 8 + 5	❸	3 4 + 6
❹	2 5 + 8	❺	1 9 + 3 2	❻	2 1 + 5 9
❼	6 7 + 1 6	❽	1 3 + 9 4	❾	7 9 + 6 4

❿ 4+8=

⓫ 36+7=

⓬ 65+28=

⓭ 43+82=

⓮ 88+15=

⓯ 74+69=

받아올림이 있는 덧셈도 일의 자리부터 차근차근 계산해요.
작게 받아올림한 수를 써서 계산하면 어렵지 않아요.

🐾 덧셈을 하세요.

1
$$\begin{array}{r} 47 \\ +\ 15 \\ \hline \end{array}$$

2
$$\begin{array}{r} 37 \\ +\ \ 9 \\ \hline \end{array}$$

3
$$\begin{array}{r} 18 \\ +\ 13 \\ \hline \end{array}$$

4
$$\begin{array}{r} 76 \\ +\ \ 8 \\ \hline \end{array}$$

5
$$\begin{array}{r} 64 \\ +\ 55 \\ \hline \end{array}$$

6
$$\begin{array}{r} 74 \\ +\ 87 \\ \hline \end{array}$$

7
$$\begin{array}{r} 53 \\ +\ 38 \\ \hline \end{array}$$

8
$$\begin{array}{r} 26 \\ +\ 46 \\ \hline \end{array}$$

9
$$\begin{array}{r} 65 \\ +\ 76 \\ \hline \end{array}$$

10 $9+7+3=$

11 $5+8+5=$

12 $18+54+2=$

13 $69+13+47=$

14 $48+6+14=$

15 $15+36+23=$

각 낚싯줄로 합이 같은 물고기를 잡으려고 합니다. 낚싯줄과 물고기를 알맞게 이어 보세요.

🐾 덧셈을 바르게 계산한 것을 따라 선을 이어 미로를 탈출해 보세요.

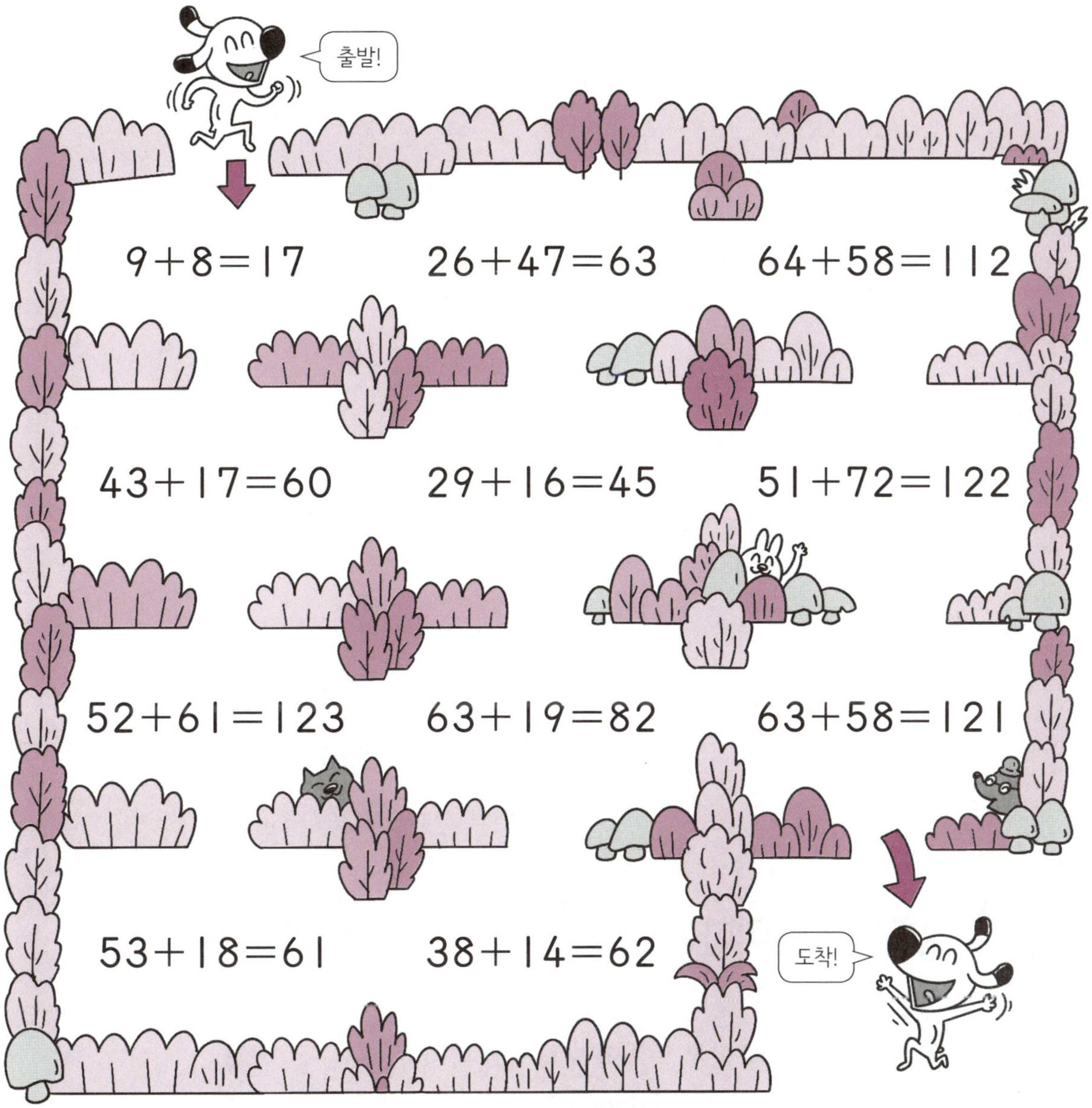

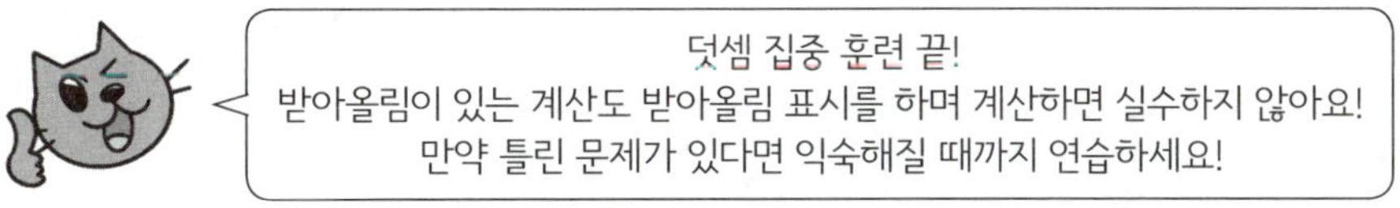

$9+8=17$ $26+47=63$ $64+58=112$

$43+17=60$ $29+16=45$ $51+72=122$

$52+61=123$ $63+19=82$ $63+58=121$

$53+18=61$ $38+14=62$

 ## '같다'를 의미하는 등호는 왜 '='모양으로 표시할까요?

가로셈 식 옆에 답을 적을 때 항상 '=(등호)' 표시를 합니다.
다른 모양도 많은데 왜 이렇게 표현했을까요?
이러한 형태의 등호는 영국의 수학자 로버트 레코드가
자신의 책에서 처음 사용했답니다.
그는 길이가 같은 평행선만큼 같은 것은 없다고 생각해 등호를
이렇게 표현했다고 해요. 처음에는 가로 길이를 지금보다 더 길
게 써서 사용했는데, 점점 짧아져 현재와 같은 형태가 되었답니다.

셋째 마당

덧셈 실력 쑥쑥

덧셈에 자신감이 생겼나요? 그렇다면 이제는 덧셈 실력을 쑥쑥 키워 봐요. 셋째 마당을 마치면 바빠 친구들도 멋진 덧셈 왕이 되어 있을 거예요.

	공부할 내용!	완료	10일 진도	20일 진도
17	덧셈, 자릿수가 늘어나도 괜찮아	☐	8일차	15일차
18	세 자리 수 덧셈까지 도전!	☐		16일차
19	여러 가지 방법으로 더할 수 있어	☐	9일차	17일차
20	원리만 알면 몇백, 몇천도 만들기 쉬워	☐		18일차
21	덧셈 실력을 키우는 빈칸 채우기	☐	10일차	19일차
22	덧셈 실력 쑥쑥 종합 문제	☐		20일차

17 덧셈, 자릿수가 늘어나도 괜찮아

☆ **받아올림이 없는 세 자리 수의 덧셈**

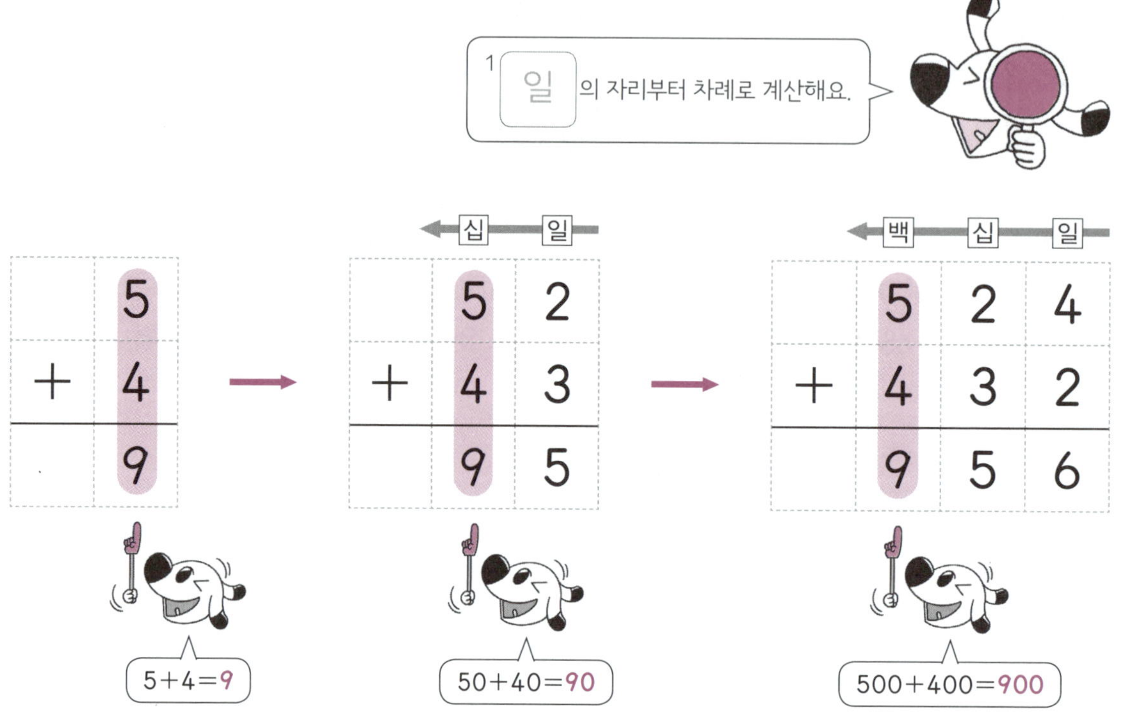

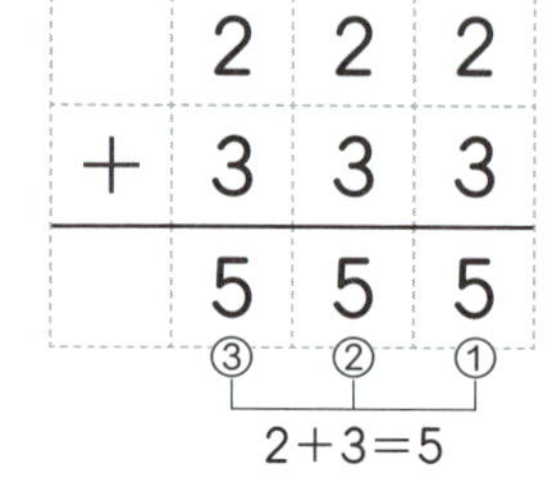

각 자리를 계산하는 방법은 같지만 실제로 나타내는 수는
① 5, ② 50, ③ 500으로 달라요.

받아올림이 없으니까 계산이 어렵지 않죠?
더하는 두 수의 자릿값이 어떻게 달라지는지 비교해 봐요.

🐾 덧셈을 하세요.

①
$$\begin{array}{r} 7 \\ +\ 2 \\ \hline \end{array}$$

②
$$\begin{array}{r} 4\ 7 \\ +\ 3\ 2 \\ \hline \end{array}$$

③
$$\begin{array}{r} 2\ 4\ 7 \\ +\ 1\ 3\ 2 \\ \hline \end{array}$$

④
$$\begin{array}{r} 1\ 3 \\ +\ \ 5 \\ \hline \end{array}$$

⑤
$$\begin{array}{r} 3\ 1 \\ +\ 5\ 6 \\ \hline \end{array}$$

⑥
$$\begin{array}{r} 3\ 1\ 5 \\ +\ 5\ 6\ 4 \\ \hline \end{array}$$

⑦
$$\begin{array}{r} 4\ 0 \\ +\ 2\ 0 \\ \hline \end{array}$$

⑧
$$\begin{array}{r} 4\ 3 \\ +\ 2\ 5 \\ \hline \end{array}$$

⑨
$$\begin{array}{r} 4\ 3\ 2 \\ +\ 2\ 5\ 6 \\ \hline \end{array}$$

⑩ $34+51=$

⑪ $342+516=$

⑫ $26+43=$

⑬ $263+432=$

⑭ $41+17=$

⑮ $141+617=$

덧셈을 하세요.

1
```
    1 6
 +    3
```

2
```
    1 6
 +  5 3
```

3
```
  1 6 6
 +5 3 1
```

4
```
    4 2
 +    5
```

5
```
    4 2
 +  1 5
```

6
```
  4 2 5
 +1 5 3
```

7
```
    2 6
 +  3 0
```

8
```
    2 6
 +  3 2
```

9
```
  3 2 6
 +1 3 2
```

10 40+18=

11 540+218=

12 15+24=

13 153+243=

14 31+67=

15 314+672=

도전! 생각이 자라는 사고력 문제

쉬운 응용 문제로 기초 사고력을 키워 봐요!

🐾 **보기** 와 같이 계산 결과에 알맞은 덧셈식을 모두 만드세요.

1

2

3

18 세 자리 수 덧셈까지 도전!

☆ 받아올림이 있는 세 자리 수의 덧셈

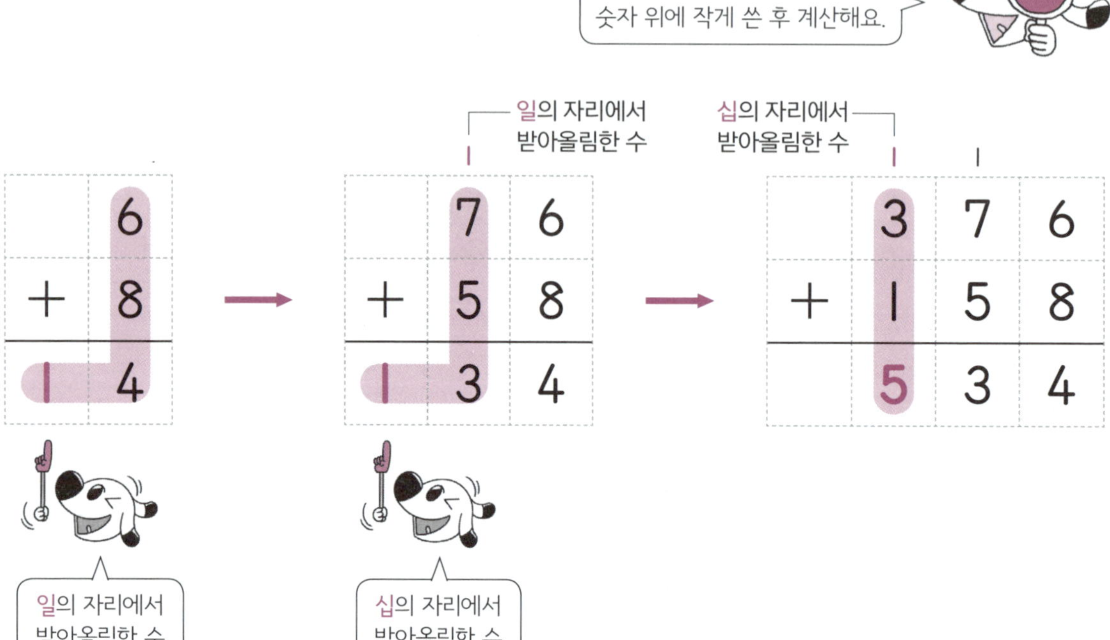

덧셈의 계산 비법!
같은 자리 수끼리의 합이 10이거나 10보다 크면 바로 윗자리로 받아올려요.

🐾 덧셈을 하세요.

① $\begin{array}{r} 7 \\ +\ 3 \\ \hline \end{array}$

② $\begin{array}{r} 7\ 4 \\ +\ 3\ 6 \\ \hline \end{array}$

③ $\begin{array}{r} 3\ 7\ 4 \\ +\ 5\ 3\ 6 \\ \hline \end{array}$

④ $\begin{array}{r} 5 \\ +\ 9 \\ \hline \end{array}$

⑤ $\begin{array}{r} 5\ 8 \\ +\ 9\ 3 \\ \hline \end{array}$

⑥ $\begin{array}{r} 1\ 5\ 8 \\ +\ 4\ 9\ 3 \\ \hline \end{array}$

⑦ $\begin{array}{r} 1\ 6 \\ +\ \ \ 7 \\ \hline \end{array}$

⑧ $\begin{array}{r} 1\ 6 \\ +\ 8\ 7 \\ \hline \end{array}$

⑨ $\begin{array}{r} 4\ 1\ 6 \\ +\ 2\ 8\ 7 \\ \hline \end{array}$

⑩ $85+56=$

⑪ $285+356=$

⑫ $32+68=$

⑬ $132+468=$

⑭ $64+79=$

⑮ $364+579=$

🐾 덧셈을 하세요.

1
$$\begin{array}{r} 9 \\ +\ 3 \\ \hline \end{array}$$

2
$$\begin{array}{r} 5\ 9 \\ +\ 7\ 3 \\ \hline \end{array}$$

3
$$\begin{array}{r} 2\ 5\ 9 \\ +\ 1\ 7\ 3 \\ \hline \end{array}$$

4
$$\begin{array}{r} 1\ 7 \\ +\ \ \ 7 \\ \hline \end{array}$$

5
$$\begin{array}{r} 1\ 7 \\ +\ 9\ 7 \\ \hline \end{array}$$

6
$$\begin{array}{r} 3\ 7\ 1 \\ +\ 4\ 7\ 9 \\ \hline \end{array}$$

7
$$\begin{array}{r} 5\ 4 \\ +\ \ \ 8 \\ \hline \end{array}$$

8
$$\begin{array}{r} 5\ 4 \\ +\ 6\ 8 \\ \hline \end{array}$$

9
$$\begin{array}{r} 2\ 4\ 5 \\ +\ 6\ 8\ 6 \\ \hline \end{array}$$

---

10 $26+87=$

11 $326+187=$

12 $68+92=$

13 $268+492=$

14 $75+49=$

15 $175+549=$

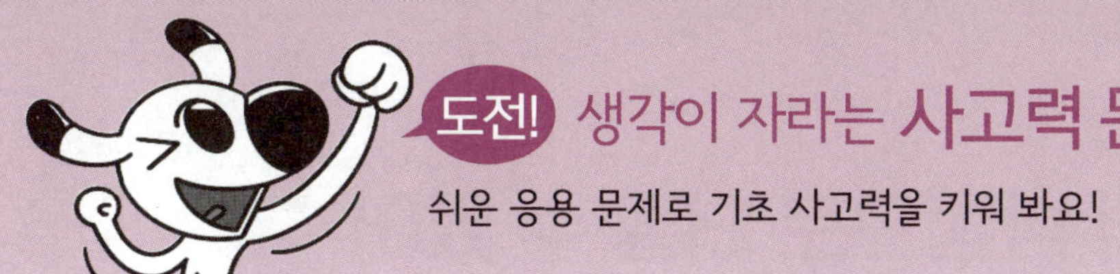

보기 와 같이 계산 결과에 알맞은 덧셈식을 모두 만드세요.

1

◆ ★
+ ★ ◆
1 6 5

➡

6 9
+ □ □
1 6 5

□ □
+ □ □
1 6 5

2

◆ ★
+ ★ ◆
1 5 4

➡

□ □
+ □ □
1 5 4

□ □
+ □ □
1 5 4

3

◆ ★
+ ★ ◆
1 4 3

➡

□ □
+ □ □
1 4 3

□ □
+ □ □
1 4 3

□ □
+ □ □
1 4 3

19 여러 가지 방법으로 더할 수 있어

☆ **46+29를 여러 가지 방법으로 덧셈하기**

방법 1 **몇십**과 **몇**으로 나누어 더하기

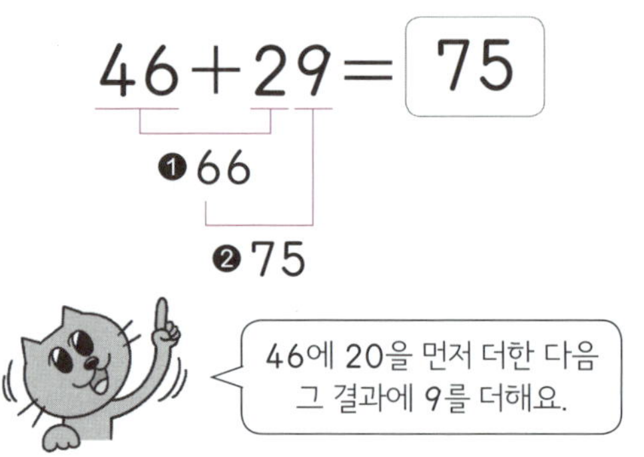

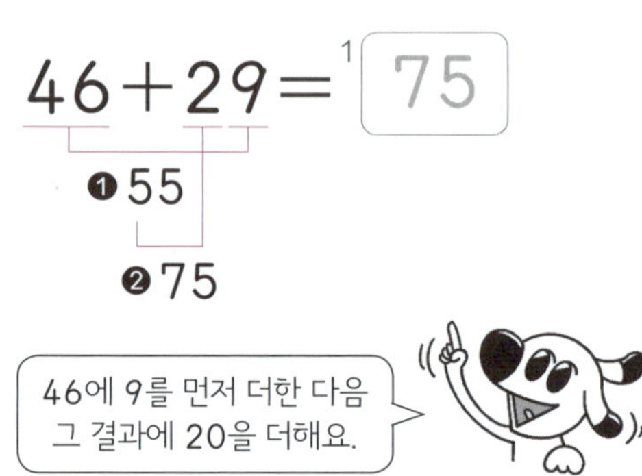

방법 2 **몇십**끼리, **몇**끼리 더하기

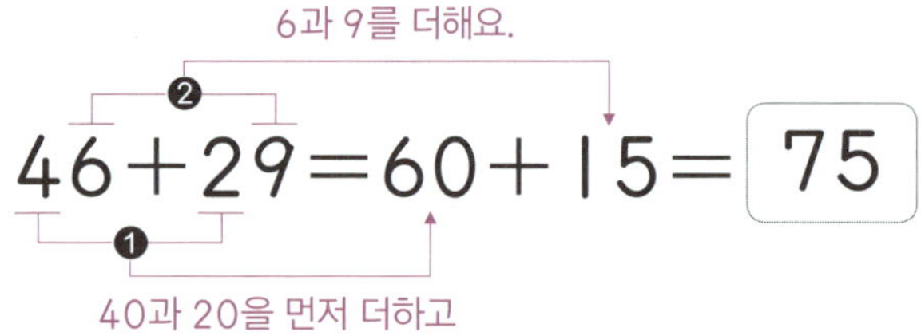

방법 3 **몇십**으로 만들어 더하기

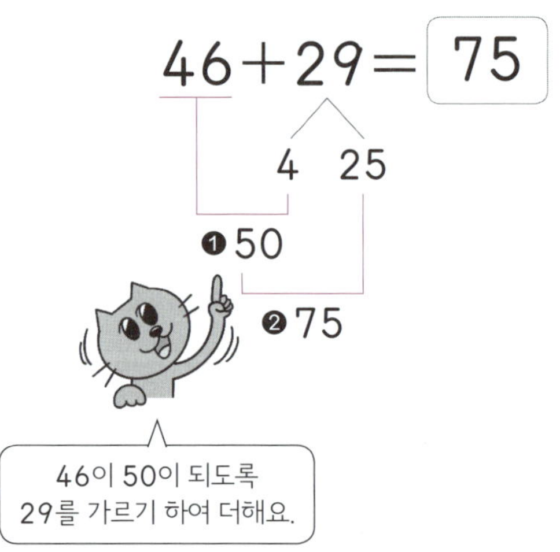

계산하는 방법은 여러 가지를 알아 두면 좋아요.
여러 가지 방법으로 풀다 보면 편리한 방법을 찾아낼 수 있어요.

🐾 여러 가지 방법으로 덧셈을 하세요.

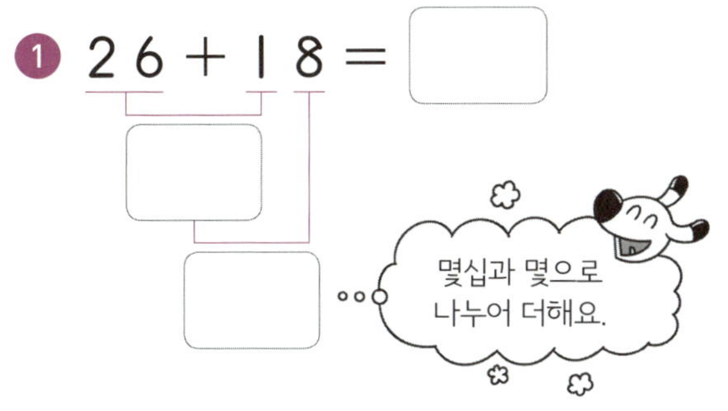

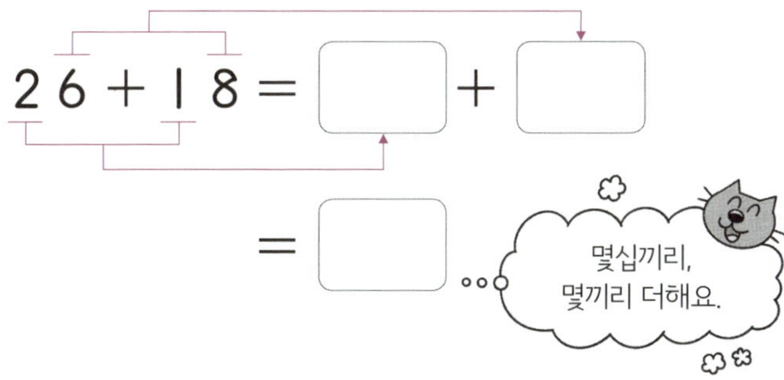

❷ 39 + 36 =

39 + 36 =   +
=

❸ 48 + 73 =

48 + 73 =   +
=

❹ 69 + 87 =

69 + 87 =   +
=

🐾 여러 가지 방법으로 덧셈을 하세요.

❶ $25 + 26 =$ ☐

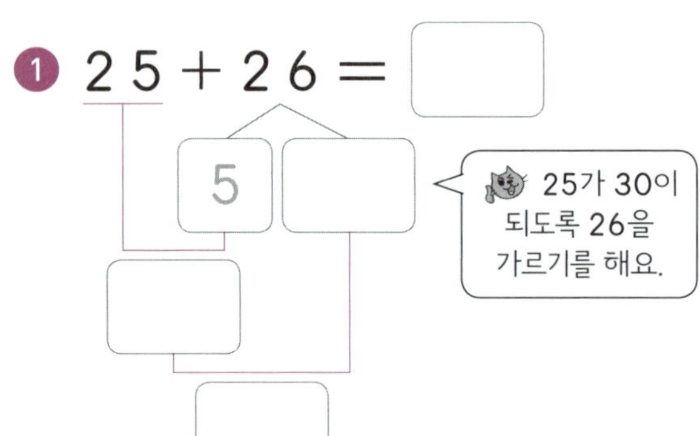

$25 + 26 =$ ☐

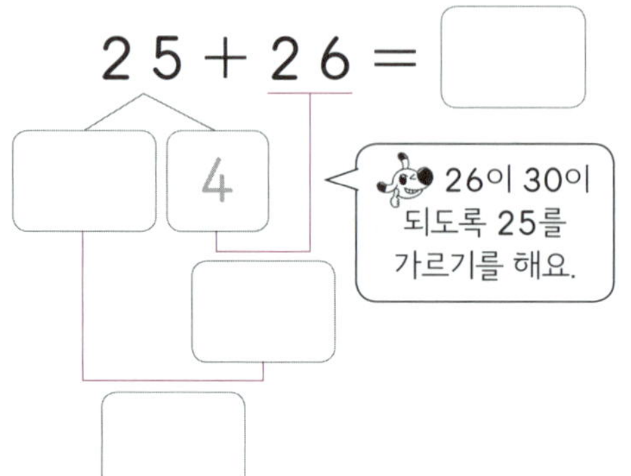

❷ $19 + 57 =$ ☐

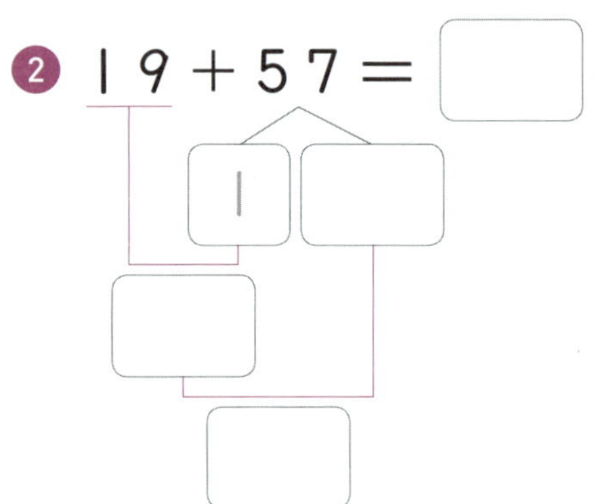

$19 + 57 =$ ☐

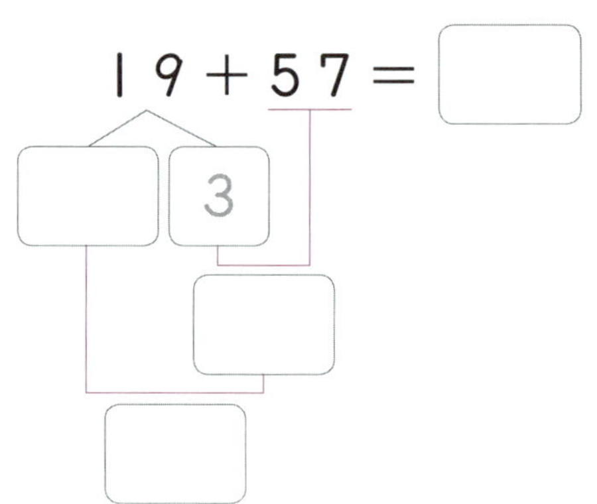

❸ $48 + 58 =$ ☐

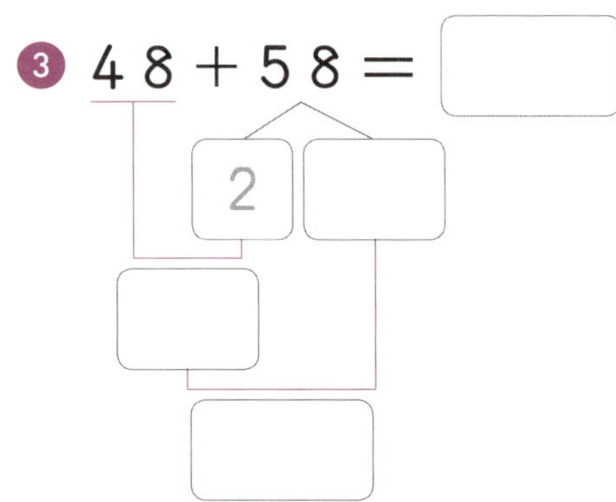

$48 + 58 =$ ☐

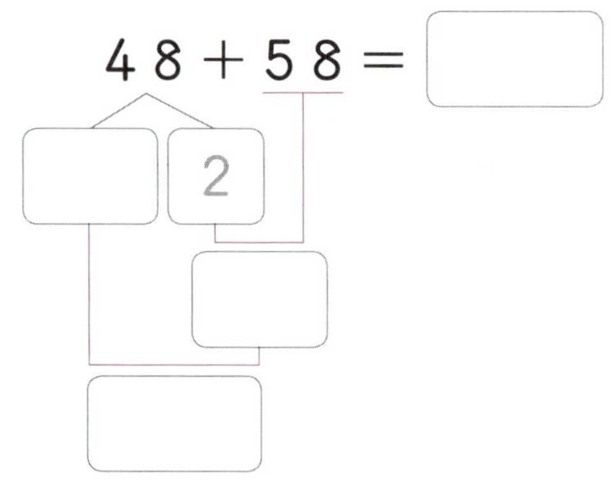

❹ $97 + 66 =$ ☐

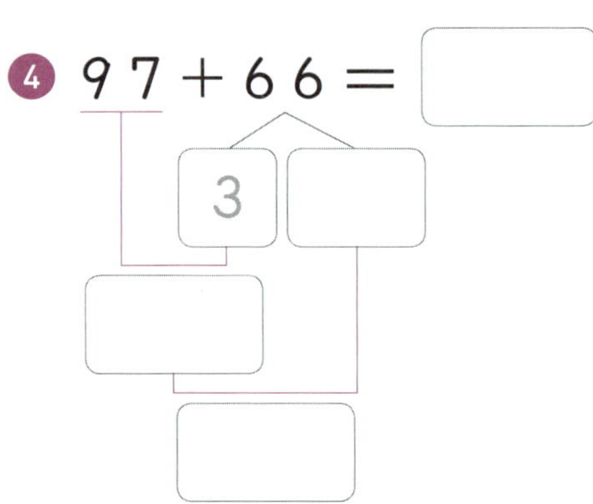

$97 + 66 =$ ☐

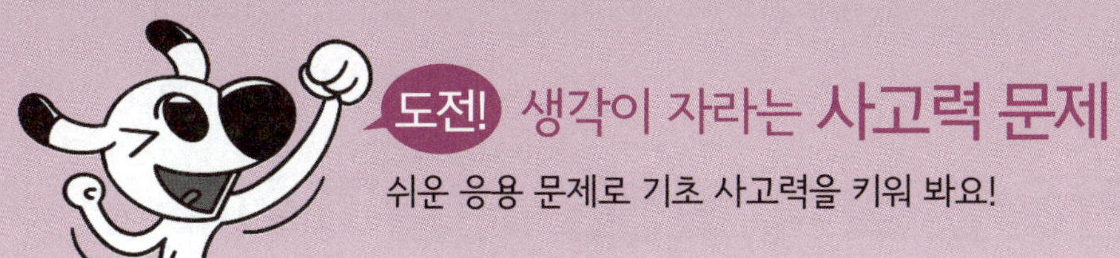

🐾 ☐ 안에 알맞은 수를 써넣어 보기 와 같은 방법으로 덧셈을 하세요.

1

$$
\begin{array}{r} 29 \\ +97 \\ \hline \end{array}
\quad\rightarrow\quad
\begin{array}{r} 29 + \boxed{1} \\ +97 - \boxed{} \\ \hline \end{array}
\quad\rightarrow\quad
\begin{array}{r} 30 \\ +96 \\ \hline \boxed{} \end{array}
$$

2

$$
\begin{array}{r} 48 \\ +74 \\ \hline \end{array}
\quad\rightarrow\quad
\begin{array}{r} 48 + \boxed{} \\ +74 - \boxed{} \\ \hline \end{array}
\quad\rightarrow\quad
\begin{array}{r} 50 \\ +72 \\ \hline \boxed{} \end{array}
$$

3

$$
\begin{array}{r} 57 \\ +84 \\ \hline \end{array}
\quad\rightarrow\quad
\begin{array}{r} 57 + \boxed{} \\ +84 - \boxed{} \\ \hline \end{array}
\quad\rightarrow\quad
\begin{array}{r} 60 \\ +81 \\ \hline \boxed{} \end{array}
$$

원리만 알면 몇백, 몇천도 만들기 쉬워

☆ 합이 **100** 또는 **몇백**이 되는 경우

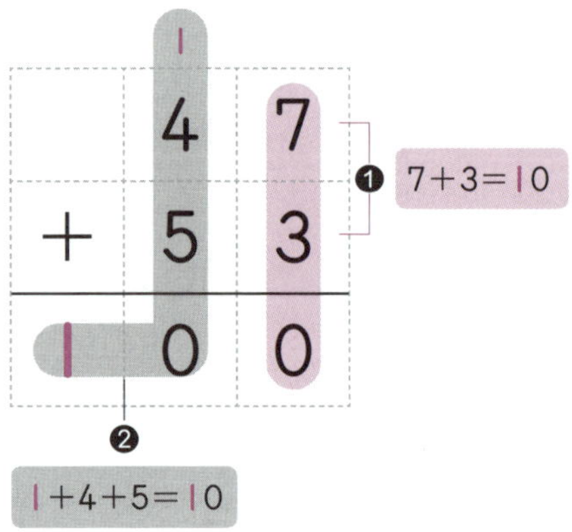

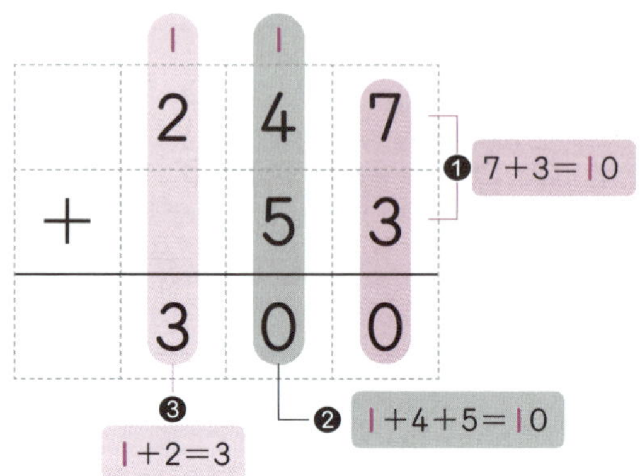

☆ 합이 **1000**이 되는 경우

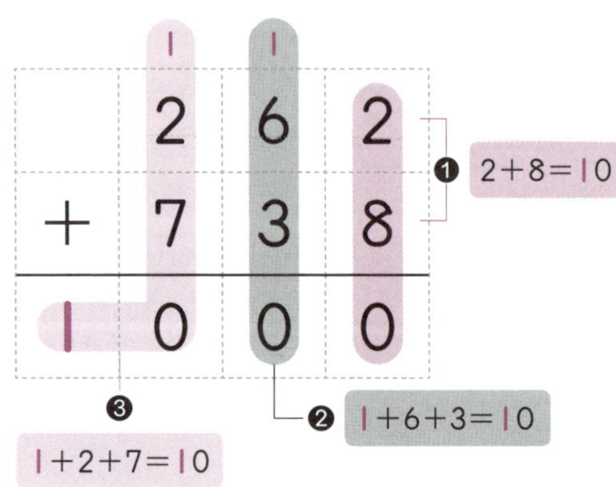

왜 100, ▲00, 1000이 되는지 생각하면서 풀어 봐요.

🐾 덧셈을 하세요.

① 　　6 1
　　＋3 9

② 　2 6 1
　＋　3 9

③ 　6 6 1
　＋3 3 9

④ 　　1 7
　　＋8 3

⑤ 　5 1 7
　＋　8 3

⑥ 　1 1 7
　＋8 8 3

⑦ 　　4 5
　　＋5 5

⑧ 　8 4 5
　＋　5 5

⑨ 　4 4 5
　＋5 5 5

⑩ $15+85=$

⑪ $415+85=$

⑫ $61+39=$

⑬ $361+639=$

⑭ $28+72=$

⑮ $728+72=$

🐾 ☐ 안에 알맞은 수를 써넣으세요.

1)

$$\begin{array}{r} 6\ \boxed{} \\ +\ 3\ 9 \\ \hline 1\ 0\ 0 \end{array}$$

$\boxed{}+9=10$

2)

$$\begin{array}{r} 5\ \boxed{} \\ +\ 4\ 6 \\ \hline 1\ 0\ 0 \end{array}$$

3)

$$\begin{array}{r} 1\ 6\ 8 \\ +\ \boxed{}\ 2 \\ \hline 2\ 0\ 0 \end{array}$$

$1+6+\boxed{}=10$

4)

$$\begin{array}{r} \boxed{}\ 7\ 5 \\ +\ 8\ 2\ 5 \\ \hline 1\ 0\ 0\ 0 \end{array}$$

5)

$$\begin{array}{r} 3\ 3 \\ +\ 6\ \boxed{} \\ \hline 1\ 0\ 0 \end{array}$$

6)

$$\begin{array}{r} 3\ \boxed{}\ 4 \\ +\ 5\ 6 \\ \hline 4\ 0\ 0 \end{array}$$

7)

$$\begin{array}{r} 4\ 3\ 9 \\ +\ \boxed{}\ 6\ 1 \\ \hline 1\ 0\ 0\ 0 \end{array}$$

8)

$$\begin{array}{r} \boxed{}\ 7 \\ +\ 7\ 3 \\ \hline 1\ 0\ 0 \end{array}$$

9)

$$\begin{array}{r} 6\ 8\ 2 \\ +\ 1\ \boxed{} \\ \hline 7\ 0\ 0 \end{array}$$

10)

$$\begin{array}{r} 3\ \boxed{}\ 7 \\ +\ 6\ 9\ 3 \\ \hline 1\ 0\ 0\ 0 \end{array}$$

🐾 ☐ 안에 알맞은 수를 써넣으세요.

1

$$\begin{array}{r} \boxed{} \\ +\ 3 \\ \hline 1\ 0 \end{array} \quad \Rightarrow \quad \begin{array}{r} \boxed{} \\ +\ 2\ 3 \\ \hline 1\ 0\ 0 \end{array}$$

2

$$\begin{array}{r} 1 \\ +\ \boxed{} \\ \hline 1\ 0 \end{array} \quad \Rightarrow \quad \begin{array}{r} 6\ 1 \\ +\ \boxed{} \\ \hline 1\ 0\ 0 \end{array}$$

3

$$\begin{array}{r} 2 \\ +\ \boxed{} \\ \hline 1\ 0 \end{array} \quad \Rightarrow \quad \begin{array}{r} 1\ 4\ 2 \\ +\ \boxed{} \\ \hline 2\ 0\ 0 \end{array}$$

4

$$\begin{array}{r} 5 \\ +\ \boxed{} \\ \hline 1\ 0 \end{array} \Rightarrow \begin{array}{r} 1\ 5 \\ +\ \boxed{} \\ \hline 1\ 0\ 0 \end{array} \Rightarrow \begin{array}{r} 5\ 1\ 5 \\ +\ \boxed{} \\ \hline 1\ 0\ 0\ 0 \end{array}$$

덧셈 실력을 키우는 빈칸 채우기

☆ 일의 자리 또는 십의 자리의 ☐ 안의 수 구하기

- 일의 자리의 ☐ 안의 수 구하기

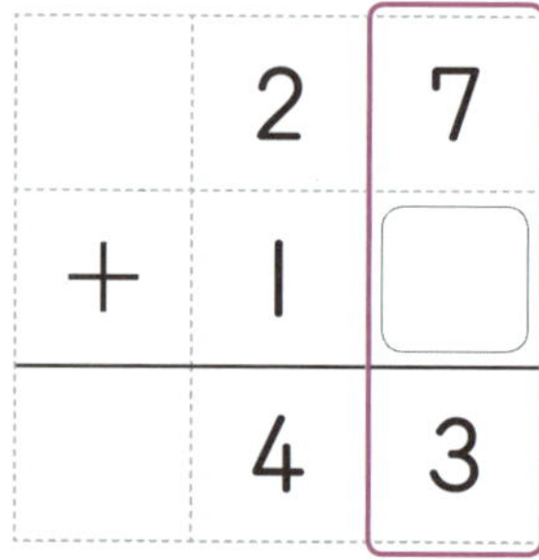

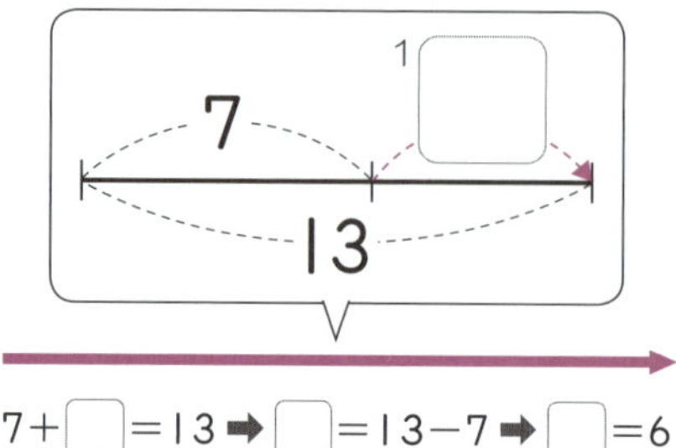

$7+\square=13 \Rightarrow \square=13-7 \Rightarrow \square=6$

- 십의 자리의 ☐ 안의 수 구하기

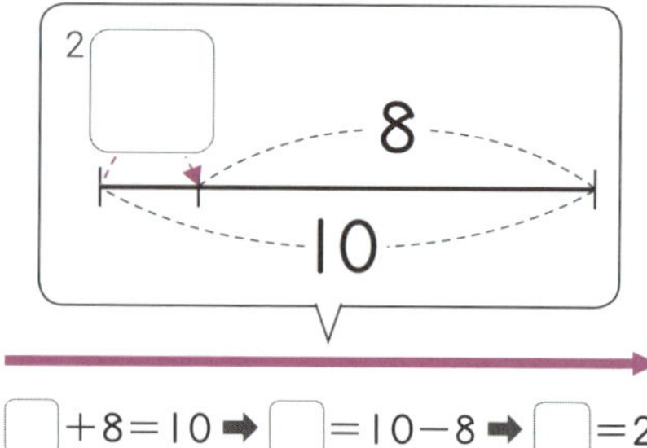

$\square+8=10 \Rightarrow \square=10-8 \Rightarrow \square=2$

☆ 일의 자리와 십의 자리의 ☐ 안의 수 구하기

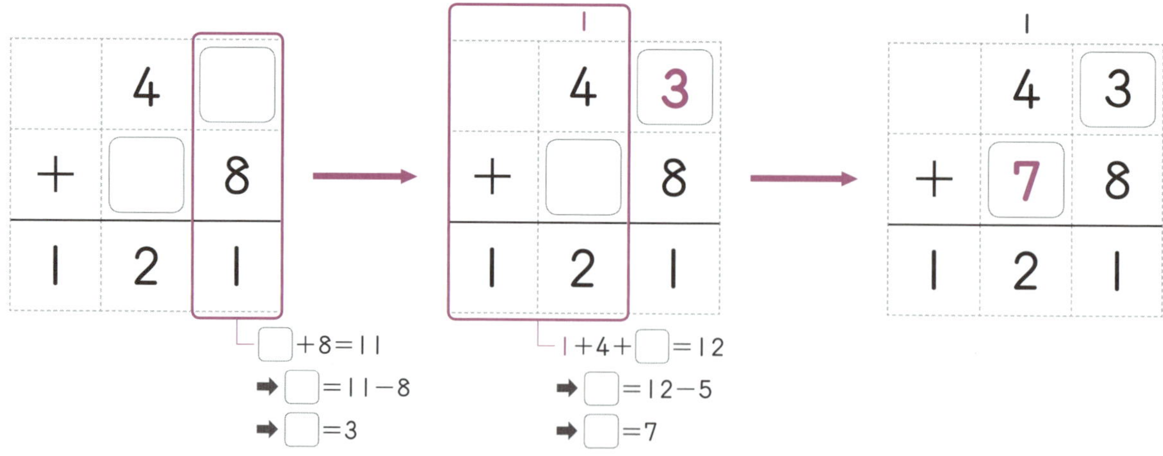

🐾 □ 안에 알맞은 수를 써넣으세요.

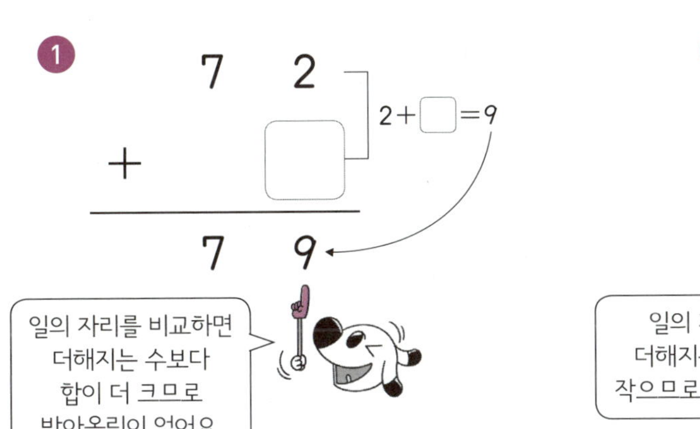

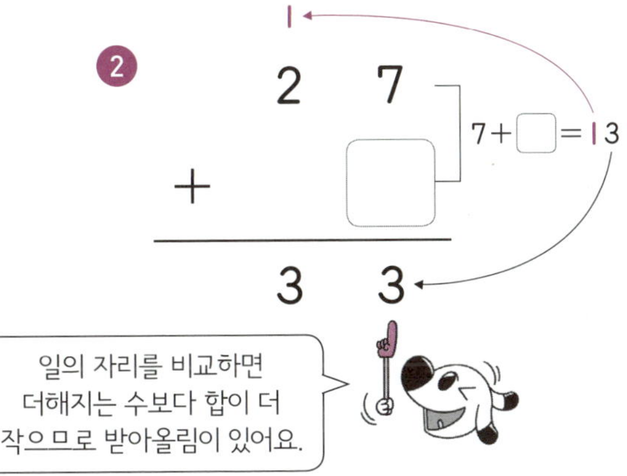

③
```
  1 □
+ 4 5
-----
  6 0
```

④
```
  3 6
+ 4 □
-----
  8 1
```

⑤
```
  6 □
+ 2 9
-----
  9 2
```

⑥
```
  4 3
+ □ 5
-----
  9 8
```

⑦
```
  □ 5
+ 3 8
-----
  5 3
```

⑧
```
  3 7
+ □ 7
-----
  7 4
```

⑨
```
  □ 6
+ 2 4
-----
  4 0
```

⑩
```
  2 4
+ □ 8
-----
  8 2
```

⑪
```
  □ 8
+ 1 9
-----
  6 7
```

🐾 ☐ 안에 알맞은 수를 써넣으세요.

❶
```
    ☐  2
+   1  ☐
─────────
    3  8
```

❷
```
    3  ☐
+   ☐  5
─────────
    6  2
```

❸
```
    ☐  6
+   6  ☐
─────────
    8  3
```

❹
```
    2  ☐
+   ☐  8
─────────
    5  0
```

❺
```
    ☐  6
+   2  ☐
─────────
    7  5
```

❻
```
    7  ☐
+   ☐  3
─────────
    9  1
```

❼
```
    ☐  8
+   2  ☐
─────────
 1  0  4
```

❽
```
    6  ☐
+   ☐  4
─────────
 1  1  0
```

❾
```
    ☐  5
+   9  ☐
─────────
 1  5  2
```

❿
```
    8  ☐
+   ☐  7
─────────
 1  7  5
```

⓫
```
    ☐  9
+   5  ☐
─────────
 1  2  7
```

⓬
```
    ☐  4
+   7  ☐
─────────
 1  3  2
```

생각이 자라는 **사고력 문제**

쉬운 응용 문제로 기초 사고력을 키워 봐요!

🐾 ☐ 안에 알맞은 수를 골라 ○표 하고, ☐ 안에 써넣으세요.

1

| 17 | 18 | ⑯ |

$$67+ \boxed{16} =83$$

2

| 35 | 37 | 39 |

$$38+ \boxed{} =75$$

3

| 53 | 55 | 57 |

$$\boxed{} +68=123$$

4

| 38 | 48 | ㉘ |

$$54+ \boxed{58} =112$$

5

| 29 | 49 | 39 |

$$62+ \boxed{} =111$$

6

| 64 | 74 | 84 |

$$\boxed{} +39=103$$

🐾 ☐ 안에 알맞은 수를 써넣으세요.

1
```
   1 7 9
+  1 8 6
---------
[    ]
```

2
```
   3 1 5
+  1 5 7
---------
[    ]
```

3
```
   3 6 8
+  3 7 2
---------
[    ]
```

4
```
   3 2 6
+  1 5 0
---------
[    ]
```

5
```
   2 5 4
+  6 1 3
---------
[    ]
```

6
```
   5 1 7
+  3 4 8
---------
[    ]
```

7
```
   4 [ ]
+  3 8
---------
   8 4
```

8
```
   6 6
+  1 [ ]
---------
   8 5
```

9
```
   5 3
+ [ ] 7
---------
   7 0
```

10
```
  [ ] 4
+  5 7
---------
   9 1
```

11
```
   3 [ ]
+ [ ] 4
---------
   6 7
```

12
```
  [ ] 3
+  3 [ ]
---------
   7 0
```

✿ ☐ 안에 알맞은 수를 써넣으세요.

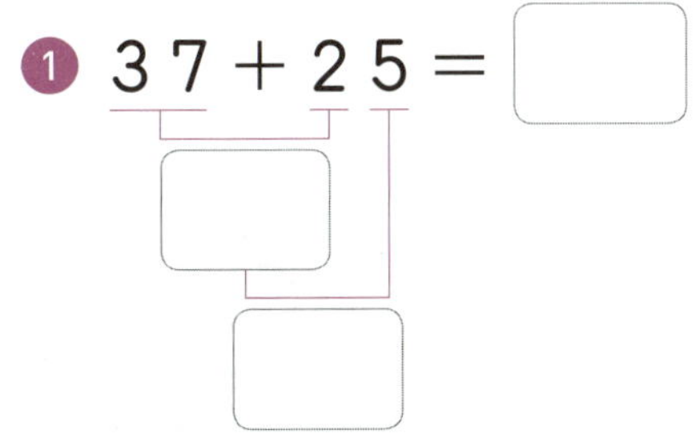

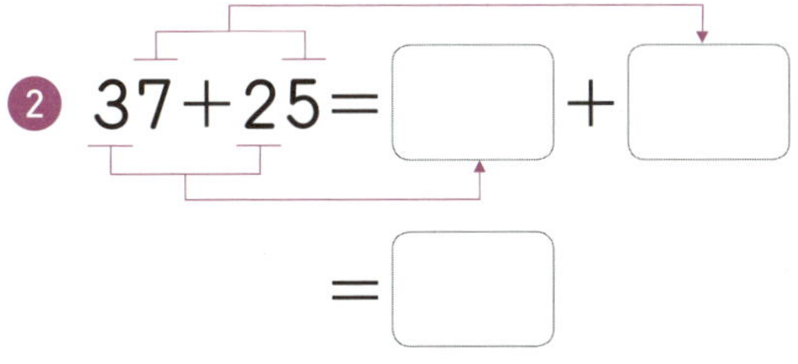

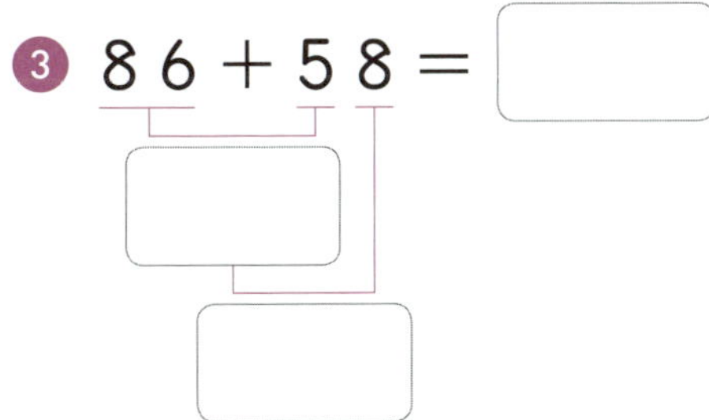

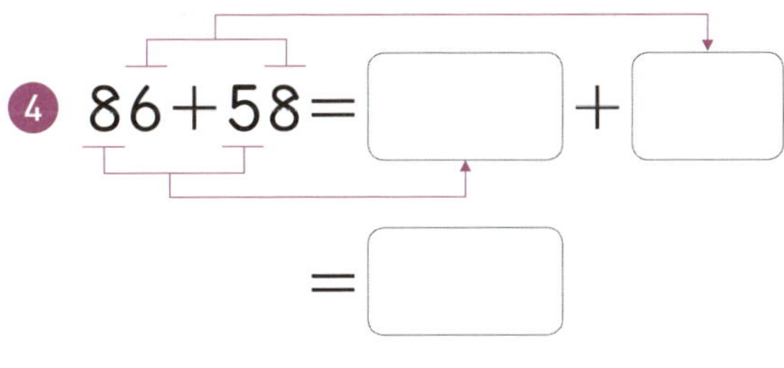

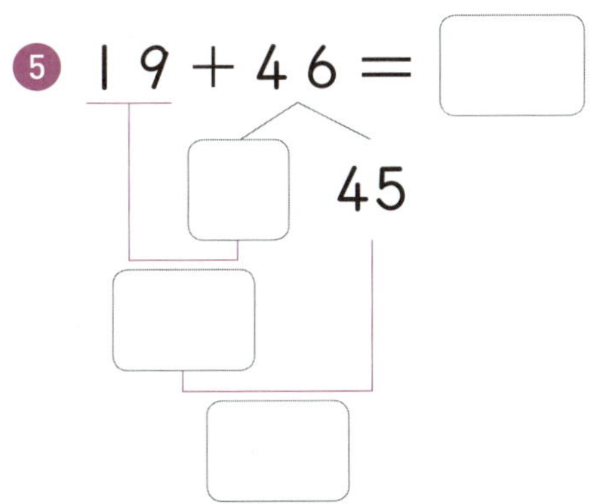

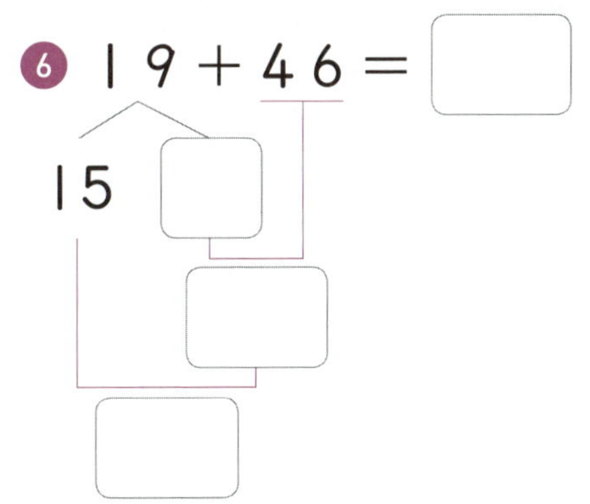

7 74 + 97 =

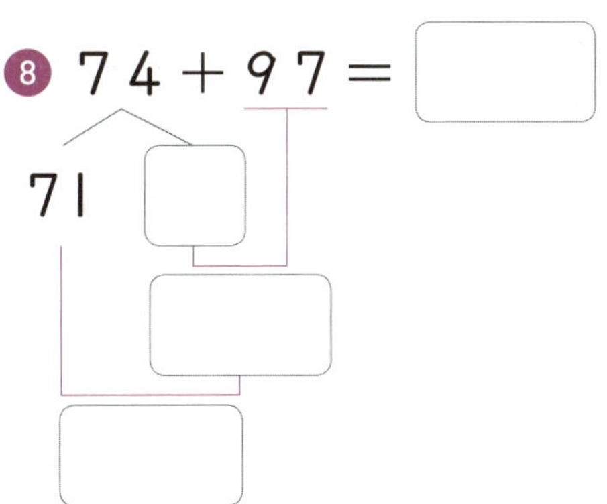

🐾 덧셈식이 맞는 길로 가면 빠독이가 원하는 것을 얻을 수 있습니다. 알맞은 덧셈
식이 되도록 길을 따라가 보세요.

1

2

3

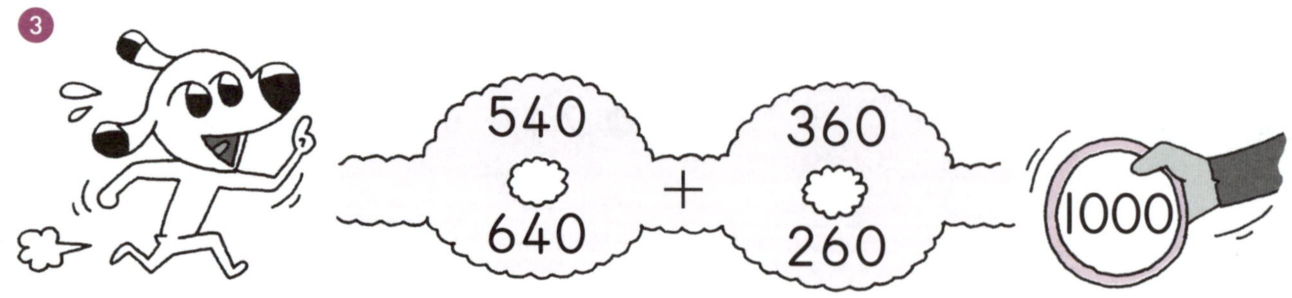

🐾 가로 열쇠와 세로 열쇠를 풀어 빈칸에 알맞은 수를 써넣으세요.

 ## 천재 수학자 가우스는 1부터 100까지 어떻게 더했을까요?

수학자 가우스는 열 살 때 '1부터 100까지 모두 더하면 얼마일까?'라는 문제를
아주 빠르게 풀었다고 해요. 가우스가 푼 방법은 아래와 같아요.

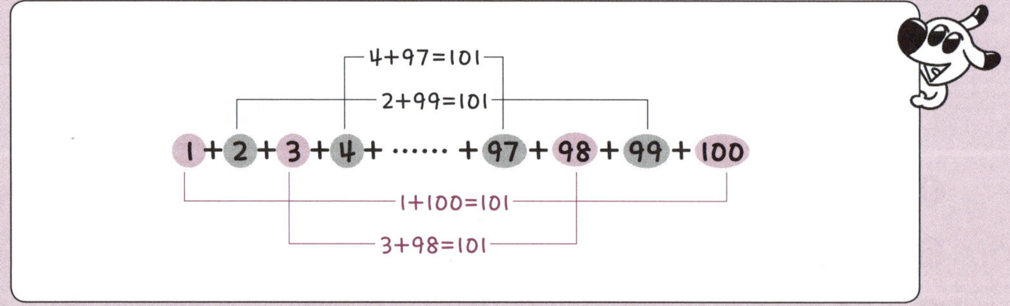

1부터 100까지의 수를 순서대로 썼을 때, 맨 앞의 수 1과 맨 끝 수 100의 합이 101이 되고,
그다음 수 2와 99의 합도 101, 3과 98의 합도 101, 4와 97의 합도 101이 돼요.
가우스는 규칙적으로 앞의 수와 끝 수를 더한 값이 모두 101이 되고,
총 50개의 101이 나온다는 규칙을 발견했어요.
이처럼 덧셈식은 규칙을 찾아 더하면 더 쉽게 풀 수 있어요.
바빠 친구들이라면 어떤 규칙으로 풀었을 것 같나요?

바쁜 1·2학년을 위한 빠른 덧셈

정답

스마트폰으로도 정답을 확인할 수 있어요!

① 성답을 확인한 후 틀린 문제는 ☆표를 쳐 놓으세요~.

② 그런 다음 연습장에 틀린 문제를 옮겨 적으세요.

③ 그리고 그 문제들만 한 번 더 풀어 보세요.

시간은 얼마 걸리지 않아요. 그러나 이때 실력이 확 붙는 거예요.
아는 문제를 여러 번 다시 푸는 건 시간 낭비예요.
내가 틀린 문제만 모아서 풀면 아무리 바쁘더라도
수학 실력을 키울 수 있어요!

01

01단계 Ⓐ 19쪽

① I ② 3 ③ I ④ 2
⑤ 2 ⑥ 6 ⑦ 7 ⑧ 9
⑨ 4 ⑩ 2 ⑪ I ⑫ 6

01단계 Ⓑ 20쪽

① 2 ② 7 ③ I ④ I
⑤ 7 ⑥ I ⑦ 5 ⑧ 9
⑨ 2 ⑩ 4

01단계 도전! 땅 짚고 헤엄치는 **문장제** 21쪽

① 6 ② 8 ③ 2

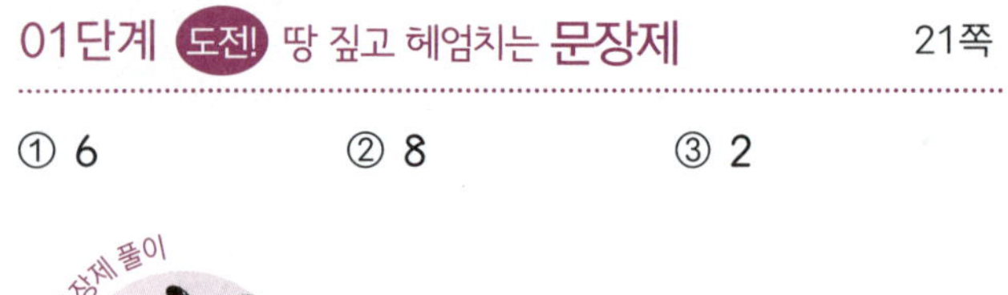

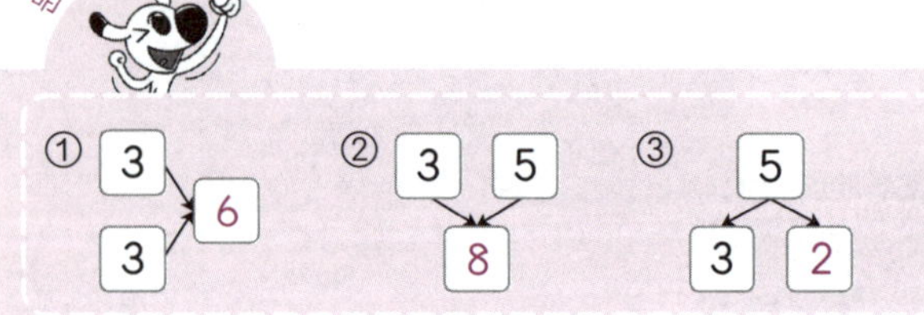

02

02단계 Ⓐ 23쪽

① I ② 2 ③ 3, 2
④ 4, 3 ⑤ 5, 4, 3 ⑥ 6, 5, 4
⑦ 7, 6, 5, 4 ⑧ 8, 7, 6, 5

02단계 Ⓑ 24쪽

① 6, 7, 8 ② 6, 7, 8 ③ 7, 8, 9 ④ 9, 8, 7
⑤ 9, 8, 7 ⑥ 9, 8, 7 ⑦ 5, 7, 9 ⑧ 9, 7, 5
⑨ 9, 9, 9

02단계 도전! 땅 짚고 헤엄치는 **문장제** 25쪽

① 3 / 3 ② 2, 9 / 9
③ 6, 9 / 9 ④ 4, 4, 8 / 4, 8 / 4, 8

03

03단계 Ⓐ 27쪽

① I0 ② I0 ③ I0 ④ I0
⑤ I0 ⑥ I I ⑦ I3 ⑧ I4
⑨ I3 ⑩ I I ⑪ I5 ⑫ I8

03단계 Ⓑ 28쪽

① 7, 4, 2 ② 9, 7, 6 ③ I0, 7, 5
④ I2, 9, 2 ⑤ I5, I I, 6 ⑥ 3, 2, I

03단계 도전! 땅 짚고 헤엄치는 **문장제** 29쪽

① I5 ② I2 ③ I I

04

04단계 Ⓐ 31쪽

① 3   ② 2   ③ 9   ④ 4
⑤ 7   ⑥ 5   ⑦ 6   ⑧ 2
⑨ 1   ⑩ 8   ⑪ 10   ⑫ 7
⑬ 9

04단계 Ⓑ 32쪽

① 4, 4   ② 9, 9   ③ 9, 9   ④ 6, 6
⑤ 8, 8   ⑥ 6, 6   ⑦ 8, 8   ⑧ 7, 7
⑨ 9, 9   ⑩ 9, 9   ⑪ 10, 10

04단계 도전! 생각이 자라는 사고력 문제 33쪽

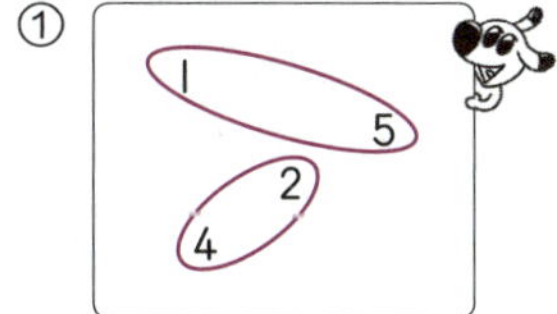
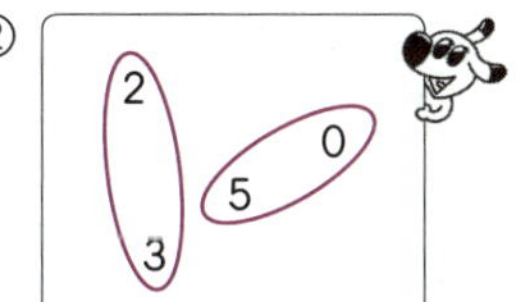
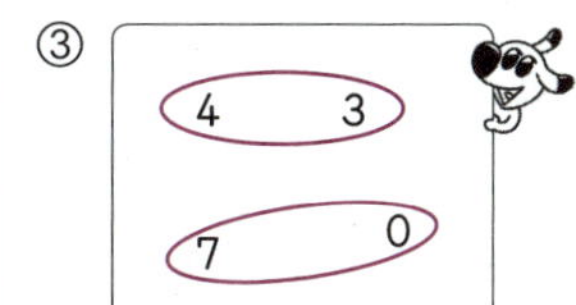
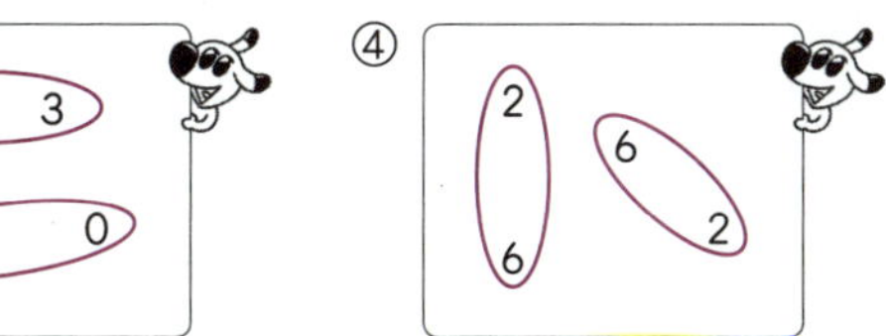
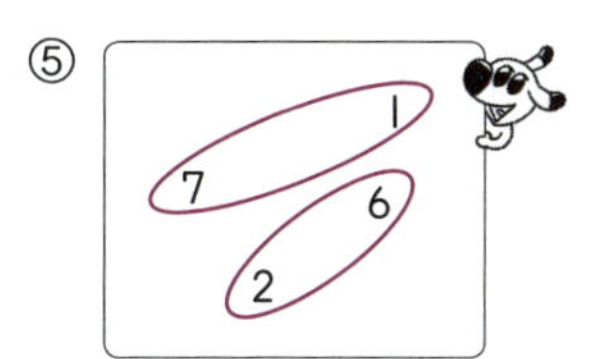
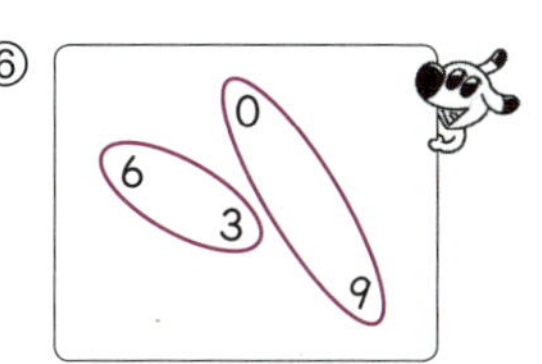

사고력 문제 풀이

① 1+5=6 / 4+2=6
② 2+3=5 / 5+0=5
③ 4+3=7 / 7+0=7
④ 2+6=8 / 6+2=8
⑤ 7+1=8 / 2+6=8
⑥ 6+3=9 / 0+9=9

05

05단계 Ⓐ 35쪽

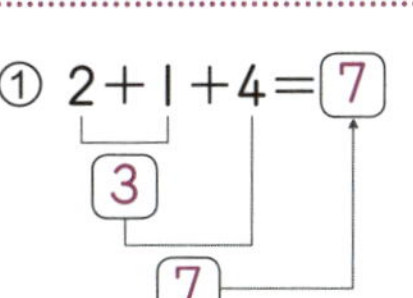
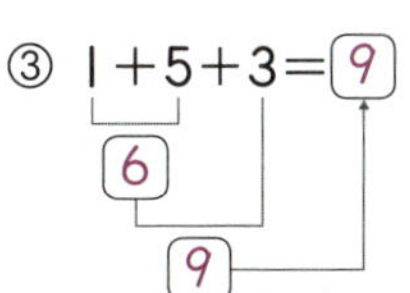
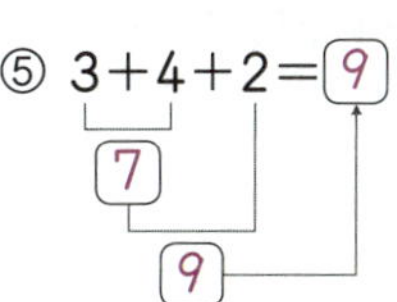
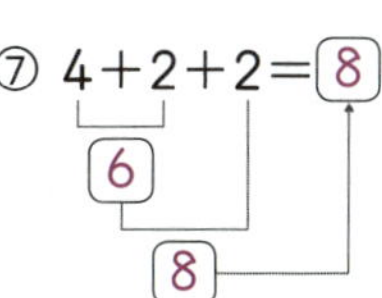
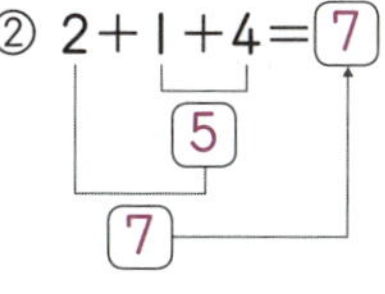

① 2+1+4=7
② 2+1+4=7
③ 1+5+3=9
④ 1+5+3=9
⑤ 3+4+2=9
⑥ 3+4+2=9
⑦ 4+2+2=8
⑧ 4+2+2=8

① $1+4+4=9$ (5, 9)
② $4+4+1=9$ (8, 9)
③ $3+4+1=8$ (7, 8)
④ $4+1+3=8$ (5, 8)
⑤ $2+3+3=8$ (5, 8)
⑥ $3+3+2=8$ (6, 8)
⑦ $5+2+2=9$
⑧ $6+2+1=9$
⑨ $3+2+4=9$
⑩ $3+3+3=9$

05단계 도전! 생각이 자라는 사고력 문제   37쪽

① 6, 9 / 9
② 7, 9 / 9
③ 5, 7 / 7
④ 5, 8 / 8

06

06단계 Ⓐ   39쪽

① 14   ② 59   ③ 72   ④ 27
⑤ 49   ⑥ 67   ⑦ 57   ⑧ 79
⑨ 46   ⑩ 32   ⑪ 76   ⑫ 54
⑬ 87   ⑭ 68

06단계 Ⓑ   40쪽

① 58   ② 46   ③ 77   ④ 39
⑤ 88   ⑥ 99   ⑦ 90   ⑧ 70
⑨ 80   ⑩ 44   ⑪ 39   ⑫ 76
⑬ 98   ⑭ 40   ⑮ 90

06단계 Ⓒ   41쪽

① 55   ② 79   ③ 86   ④ 75
⑤ 77   ⑥ 78   ⑦ 97   ⑧ 89
⑨ 76   ⑩ 95   ⑪ 39   ⑫ 89
⑬ 77   ⑭ 97   ⑮ 85

06단계 도전! 생각이 자라는 사고력 문제   42쪽

①

+	20	30	40	50
1	21	31	41	51
2	22	32	42	52
4	24	34	44	54
5	25	35	45	55

②

+	4	3	2	1
24	28	27	26	25
34	38	37	36	35
44	48	47	46	45
54	58	57	56	55

③

+	11	22	33	44
25	36	47	58	69
34	45	56	67	78
43	54	65	76	87
52	63	74	85	96

④

+	50	45	40	35
14	64	59	54	49
20	70	65	60	55
32	82	77	72	67
43	93	88	83	78

07

07단계 종합 문제 — 43쪽

① 2   ② 7   ③ 3   ④ 13
⑤ 15   ⑥ 18   ⑦ 8   ⑧ 7
⑨ 9   ⑩ 9   ⑪ 9   ⑫ 5
⑬ 7   ⑭ 9   ⑮ 8

07단계 종합 문제 — 44쪽

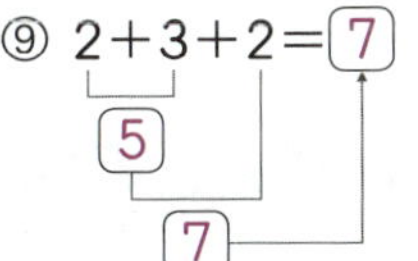 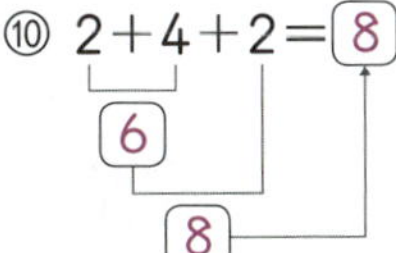

① 14   ② 27   ③ 48   ④ 60
⑤ 48   ⑥ 48   ⑦ 39   ⑧ 49
⑨ $2+3+2=\boxed{7}$ 5 / 7
⑩ $2+4+2=\boxed{8}$ 6 / 8
⑪ 9   ⑫ 6

07단계 종합 문제 — 45쪽

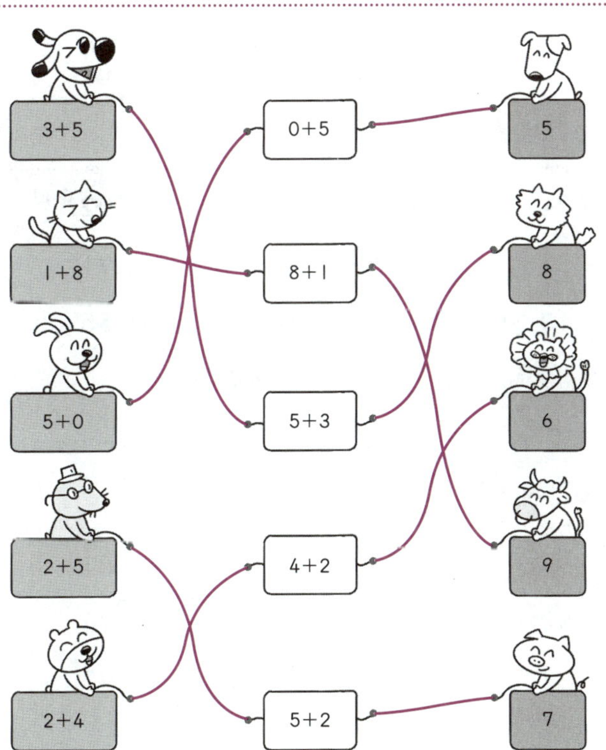

07단계 종합 문제 — 46쪽

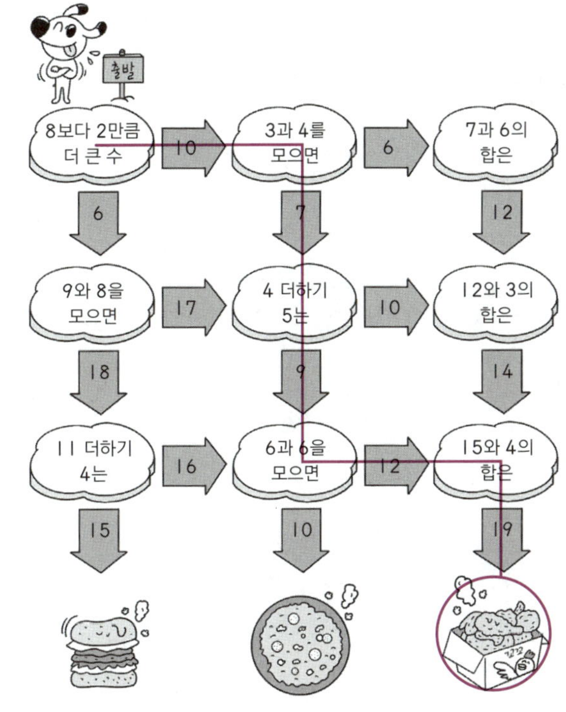

08

08단계 Ⓐ — 49쪽

① $3+8=\boxed{11}$
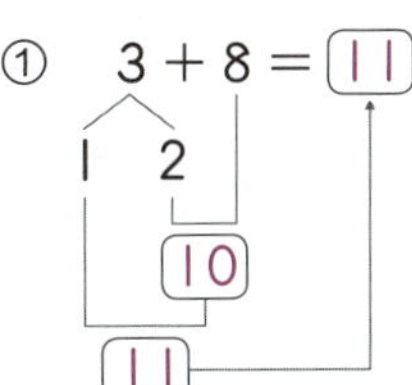

② $4+7=\boxed{11}$
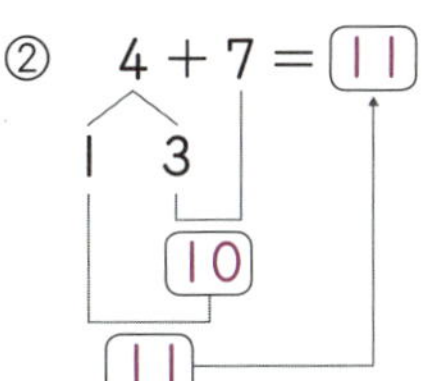

③ $5+9=\boxed{14}$
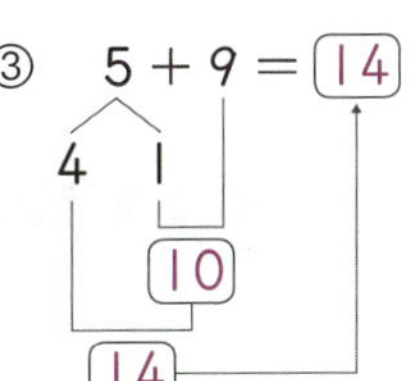

④ $6+8=\boxed{14}$
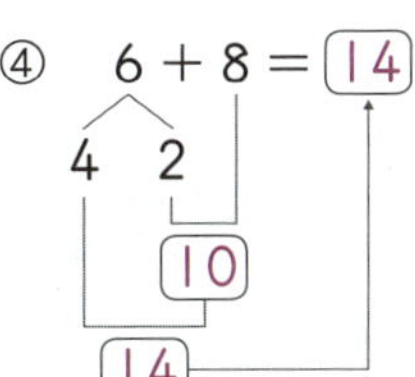

⑤ $8+4=\boxed{12}$
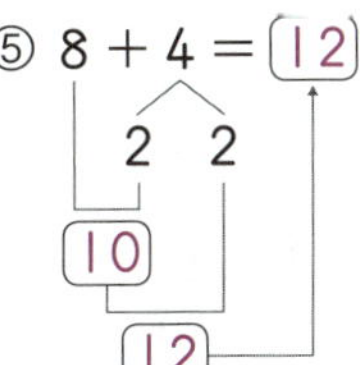

⑥ $7+6=\boxed{13}$

08단계 Ⓑ　　　　　　　　　　50쪽

① 1 / 1 / 11　　　② 2 / 2 / 12
③ 2 / 2 / 12　　　④ 2 / 2 / 12
⑤ 6 / 6 / 16　　　⑥ 3 / 3 / 13
⑦ 4, 1 / 1 / 11　　⑧ 7, 1 / 7 / 17

08단계 도전! 생각이 자라는 사고력 문제　　　51쪽

① 15　　② 16　　③ 17　　④ 18
⑤ 13　　⑥ 13　　⑦ 16

① 2+8+5=10+5=15
② 3+7+6=10+6=16
③ 1+9+7=10+7=17
④ 8+2+8=10+8=18
⑤ 4+6+3=10+3=13
⑥ 9+1+3=10+3=13
⑦ 5+5+6=10+6=16

09

09단계 Ⓐ　　　　　　　　　　53쪽

① 11　　② 11　　③ 14　　④ 11
⑤ 12　　⑥ 12　　⑦ 16　　⑧ 15
⑨ 14　　⑩ 12　　⑪ 12　　⑫ 16
⑬ 13　　⑭ 14　　⑮ 15

09단계 Ⓑ　　　　　　　　　　54쪽

① 12, 13, 14　　② 10, 11, 12　　③ 12, 13, 14
④ 13, 12, 11　　⑤ 14, 13, 12　　⑥ 13, 12, 11
⑦ 11, 13, 15　　⑧ 14, 12, 10　　⑨ 13, 13, 13

09단계 도전! 생각이 자라는 사고력 문제　　　55쪽

① 11 / 9　　　　② 15 / 7
③ 15 / 9　　　　④ 12 / 8

10

10단계 Ⓐ　　　　　　　　　　57쪽

① 50　　② 31　　③ 83　　④ 20
⑤ 73　　⑥ 32　　⑦ 61　　⑧ 44
⑨ 90　　⑩ 53　　⑪ 71　　⑫ 81
⑬ 41　　⑭ 92

10단계 Ⓑ　　　　　　　　　　58쪽

① 24　　② 65　　③ 81　　④ 92
⑤ 31　　⑥ 57　　⑦ 71　　⑧ 91
⑨ 43　　⑩ 64　　⑪ 26　　⑫ 85
⑬ 50　　⑭ 71　　⑮ 44

10단계 Ⓒ　　　　　　　　　　59쪽

① 46　　② 33　　③ 91　　④ 61
⑤ 82　　⑥ 50　　⑦ 24　　⑧ 74
⑨ 63　　⑩ 40　　⑪ 60　　⑫ 90
⑬ 71　　⑭ 52

10단계 [도전!] 땅 짚고 헤엄치는 **문장제** 60쪽

① 26　　② 55　　③ 21

문장제 풀이

① 17+9=26(표)

② 46+9=55(살)

③ 13+8=21(개)

11단계 [도전!] 생각이 자라는 **사고력 문제** 65쪽

①
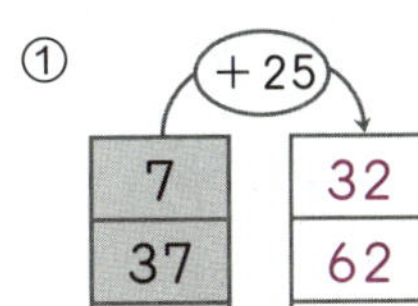

②
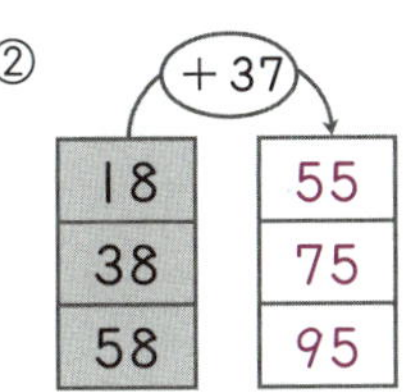

③
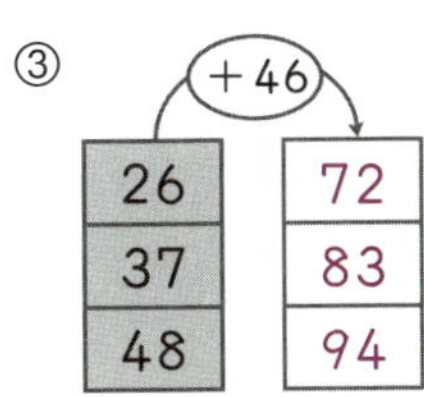

④

⑤
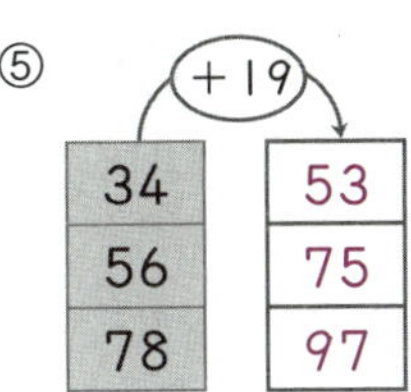

11단계 Ⓐ 62쪽

① 32　② 41　③ 72　④ 95

⑤ 80　⑥ 83　⑦ 61　⑧ 82

⑨ 90　⑩ 52　⑪ 71　⑫ 91

⑬ 74　⑭ 93　⑮ 84

11단계 Ⓑ 63쪽

① 51　② 72　③ 81　④ 33

⑤ 80　⑥ 91　⑦ 94　⑧ 65

⑨ 92　⑩ 63　⑪ 72　⑫ 63

⑬ 90　⑭ 82　⑮ 88

11단계 Ⓒ 64쪽

① 46　② 60　③ 82　④ 73

⑤ 56　⑥ 64　⑦ 91　⑧ 77

⑨ 81　⑩ 93　⑪ 55　⑫ 65

⑬ 82　⑭ 92　⑮ 98

12단계 Ⓐ 67쪽

① 108　② 117　③ 105　④ 126

⑤ 159　⑥ 125　⑦ 157　⑧ 117

⑨ 118　⑩ 109　⑪ 137　⑫ 138

⑬ 136　⑭ 147　⑮ 148

12단계 Ⓑ 68쪽

① 106　② 166　③ 126　④ 118

⑤ 139　⑥ 146　⑦ 178　⑧ 119

⑨ 185　⑩ 125　⑪ 128　⑫ 127

⑬ 119　⑭ 166　⑮ 159

① 117   ② 146   ③ 135   ④ 147
⑤ 126   ⑥ 109   ⑦ 138   ⑧ 158
⑨ 109   ⑩ 128   ⑪ 109   ⑫ 138
⑬ 136   ⑭ 116

12단계 도전! 생각이 자라는 **사고력 문제**   70쪽

① 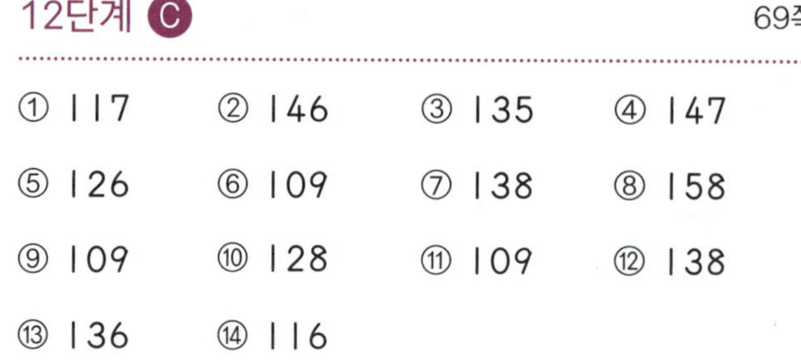

십의 자리 숫자가 1씩 커집니다.

② 

일의 자리와 십의 자리 숫자가 각각 1씩 작아집니다.

③ 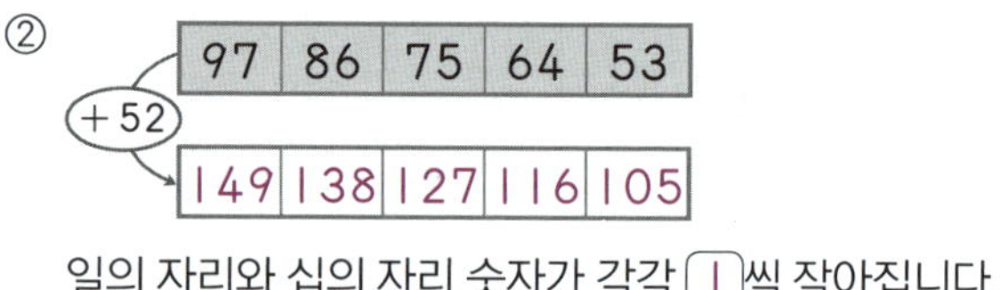

일의 자리와 십의 자리 숫자가 각각 1씩 커집니다.

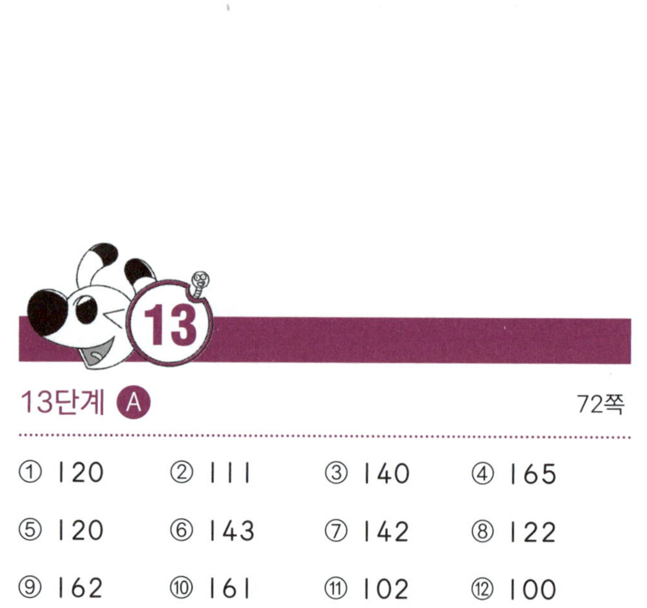

13단계 A   72쪽

① 120   ② 111   ③ 140   ④ 165
⑤ 120   ⑥ 143   ⑦ 142   ⑧ 122
⑨ 162   ⑩ 161   ⑪ 102   ⑫ 100
⑬ 123

13단계 B   73쪽

① 112   ② 131   ③ 114   ④ 102
⑤ 121   ⑥ 145   ⑦ 152   ⑧ 156
⑨ 173   ⑩ 105   ⑪ 131   ⑫ 167
⑬ 110   ⑭ 163   ⑮ 131

13단계 C   74쪽

① 132   ② 154   ③ 112   ④ 111
⑤ 115   ⑥ 105   ⑦ 150   ⑧ 113
⑨ 130   ⑩ 125   ⑪ 193   ⑫ 114

13단계 도전! 땅 짚고 헤엄치는 **문장제**   75쪽

① 114   ② 102   ③ 182

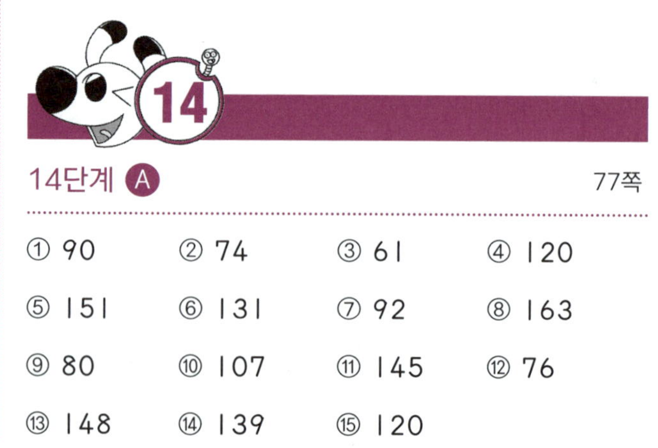

문장제 풀이

① 65+49=114(번)

② 57+45=102(킬로그램)

③ 93+89=182(점)

14단계 A   77쪽

① 90   ② 74   ③ 61   ④ 120
⑤ 151   ⑥ 131   ⑦ 92   ⑧ 163
⑨ 80   ⑩ 107   ⑪ 145   ⑫ 76
⑬ 148   ⑭ 139   ⑮ 120

14단계 Ⓑ

① 110　　② 139　　③ 132　　④ 142

⑤ 100　　⑥ 136　　⑦ 115　　⑧ 109

⑨ 114　　⑩ 65　　⑪ 114　　⑫ 73

⑬ 149　　⑭ 151　　⑮ 171

14단계 도전! 생각이 자라는 **사고력 문제**

① × / 76　　　　② × / 139

③ ○　　　　　④ × / 135

사고력 문제 풀이

① ④ 일의 자리에서 받아올림한 수를 십의 자리 계산
　에서 함께 계산하지 않았습니다.

② 십의 자리 계산을 잘못 했습니다.

15단계 Ⓐ

① $26+8+5=39$
　34
　39

② $43+9+8=60$
　52
　60

③ $65+7+9=81$
　72
　81

④ $56+6+14=76$
　62
　76

⑤ $37+18+7=62$
　55
　62

⑥ $9+25+16=50$
　34
　50

⑦ $18+24+49=91$
　42
　91

⑧ $49+13+18=80$
　62
　80

⑨ $34+9+8=51$

⑩ $72+9+17=98$

15단계 Ⓑ

① $15+19+13=47$
　34
　47

② $18+35+16=69$
　53
　69

③ $34+17+29=80$
　51
　80

④ $29+24+27=80$
　53
　80

⑤ $57+18+16=91$
　75
　91

⑥ $16+44+33=93$
　60
　93

⑦ $45+28+19=92$
　73
　92

⑧ $37+26+57=120$
　63
　120

⑨ $69+13+88=170$

⑩ $24+49+77=150$

15단계 도전! 생각이 자라는 **사고력 문제**

① 64　　② 67　　③ 82

④ 51　　⑤ 124

사고력 문제 풀이

① $16+42+6=58+6=64$

② $54+6+7=60+7=67$

③ $68+5+9=73+9=82$

④ $28+15+8=43+8=51$

⑤ $18+64+42=60+64=124$

16

① 15   ② 53   ③ 40   ④ 33

⑤ 51   ⑥ 80   ⑦ 83   ⑧ 107

⑨ 143   ⑩ 12   ⑪ 43   ⑫ 93

⑬ 125   ⑭ 103   ⑮ 143

16단계 종합 문제   85쪽

① 62   ② 46   ③ 31   ④ 84

⑤ 119   ⑥ 161   ⑦ 91   ⑧ 72

⑨ 141   ⑩ 19   ⑪ 18   ⑫ 74

⑬ 129   ⑭ 68   ⑮ 74

16단계 종합 문제   86쪽

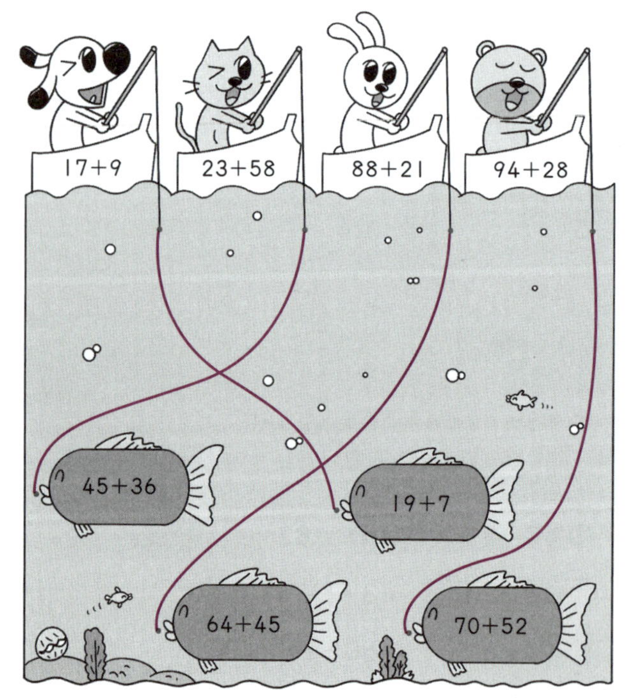

16단계 종합 문제   87쪽

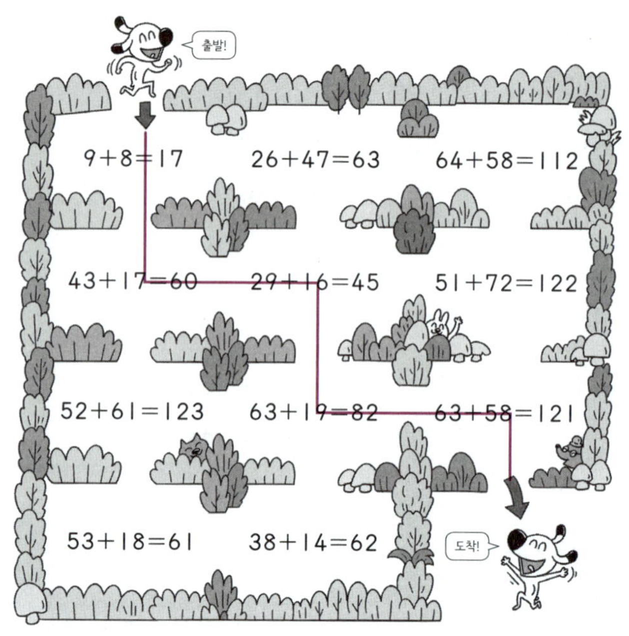

17

① 9   ② 79   ③ 379   ④ 18

⑤ 87   ⑥ 879   ⑦ 60   ⑧ 68

⑨ 688   ⑩ 85   ⑪ 858   ⑫ 69

⑬ 695   ⑭ 58   ⑮ 758

17단계 B   92쪽

① 19   ② 69   ③ 697   ④ 47

⑤ 57   ⑥ 578   ⑦ 56   ⑧ 58

⑨ 458   ⑩ 58   ⑪ 758   ⑫ 39

⑬ 396   ⑭ 98   ⑮ 986

① 

$$\begin{array}{r} 1\ 4 \\ +\ 4\ 1 \\ \hline 5\ 5 \end{array} \qquad \begin{array}{r} 2\ 3 \\ +\ 3\ 2 \\ \hline 5\ 5 \end{array}$$

②
$$\begin{array}{r} 1\ 5 \\ +\ 5\ 1 \\ \hline 6\ 6 \end{array} \qquad \begin{array}{r} 2\ 4 \\ +\ 4\ 2 \\ \hline 6\ 6 \end{array}$$

③
$$\begin{array}{r} 1\ 6 \\ +\ 6\ 1 \\ \hline 7\ 7 \end{array} \qquad \begin{array}{r} 2\ 5 \\ +\ 5\ 2 \\ \hline 7\ 7 \end{array} \qquad \begin{array}{r} 3\ 4 \\ +\ 4\ 3 \\ \hline 7\ 7 \end{array}$$

사고력 문제 풀이

① 더해서 5가 되는 서로 다른 (●, ★)은 (1, 4), (2, 3)입니다.

② 더해서 6이 되는 서로 다른 (●, ★)은 (1, 5), (2, 4)입니다.

③ 더해서 7이 되는 서로 다른 (●, ★)은 (1, 6), (2, 5), (3, 4)입니다.

18

18단계 Ⓐ
95쪽

① 10 ② 110 ③ 910 ④ 14
⑤ 151 ⑥ 651 ⑦ 23 ⑧ 103
⑨ 703 ⑩ 141 ⑪ 641 ⑫ 100
⑬ 600 ⑭ 143 ⑮ 943

18단계 Ⓑ
96쪽

① 12 ② 132 ③ 432 ④ 24
⑤ 114 ⑥ 850 ⑦ 62 ⑧ 122
⑨ 931 ⑩ 113 ⑪ 513 ⑫ 160
⑬ 760 ⑭ 124 ⑮ 724

18단계 도전! 생각이 자라는 **사고력 문제**
97쪽

①
$$\begin{array}{r} 6\ 9 \\ +\ 9\ 6 \\ \hline 1\ 6\ 5 \end{array} \qquad \begin{array}{r} 7\ 8 \\ +\ 8\ 7 \\ \hline 1\ 6\ 5 \end{array}$$

②
$$\begin{array}{r} 5\ 9 \\ +\ 9\ 5 \\ \hline 1\ 5\ 4 \end{array} \qquad \begin{array}{r} 6\ 8 \\ +\ 8\ 6 \\ \hline 1\ 5\ 4 \end{array}$$

③
$$\begin{array}{r} 4\ 9 \\ +\ 9\ 4 \\ \hline 1\ 4\ 3 \end{array} \qquad \begin{array}{r} 5\ 8 \\ +\ 8\ 5 \\ \hline 1\ 4\ 3 \end{array} \qquad \begin{array}{r} 6\ 7 \\ +\ 7\ 6 \\ \hline 1\ 4\ 3 \end{array}$$

사고력 문제 풀이

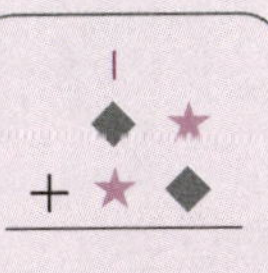

(두 자리 수)+(두 자리 수)의 계산 결과가 세 자리 수이므로 받아올림이 있습니다.

① ★+◆=15이므로 더해서 15가 되는 서로 다른 (★, ◆)은 (9, 6), (8, 7)입니다.

② ★+◆=14이므로 더해서 14가 되는 서로 다른 (★, ◆)은 (9, 5), (8, 6)입니다.

③ ★+◆=13이므로 더해서 13이 되는 서로 다른 (★, ◆)은 (9, 4), (8, 5), (7, 6)입니다.

19

19단계 Ⓐ

① $26 + 18 = \boxed{44}$
$\boxed{36}$
$\boxed{44}$

$26 + 18 = \boxed{30} + \boxed{14}$
$= \boxed{44}$

② $39 + 36 = \boxed{75}$
$\boxed{69}$
$\boxed{75}$

$39 + 36 = \boxed{60} + \boxed{15}$
$= \boxed{75}$

③ $48 + 73 = \boxed{121}$
$\boxed{118}$
$\boxed{121}$

$48 + 73 = \boxed{110} + \boxed{11}$
$= \boxed{121}$

④ $69 + 87 = \boxed{156}$
$\boxed{149}$
$\boxed{156}$

$69 + 87 = \boxed{140} + \boxed{16}$
$= \boxed{156}$

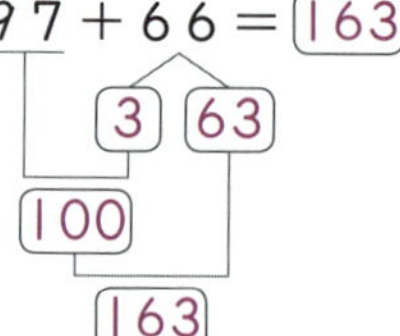

④ $97 + 66 = \boxed{163}$
$\boxed{3}$ $\boxed{63}$
$\boxed{100}$
$\boxed{163}$

$97 + 66 = \boxed{163}$
$\boxed{93}$ $\boxed{4}$
$\boxed{70}$
$\boxed{163}$

19단계 도전! 생각이 자라는 사고력 문제

① 1, 1 / 126   ② 2, 2 / 122

③ 3, 3 / 141

더하는 두 수에 각각 같은 수를 더하고 빼면 계산 결과가 변하지 않습니다. 더해지는 수가 몇십이 되도록 더한만큼 더하는 수에서 뺍니다.

19단계 Ⓑ

① $25 + 26 = \boxed{51}$
$\boxed{5}$ $\boxed{21}$
$\boxed{30}$
$\boxed{51}$

$25 + 26 = \boxed{51}$
$\boxed{21}$ $\boxed{4}$
$\boxed{30}$
$\boxed{51}$

② $19 + 57 = \boxed{76}$
$\boxed{1}$ $\boxed{56}$
$\boxed{20}$
$\boxed{76}$

$19 + 57 = \boxed{76}$
$\boxed{16}$ $\boxed{3}$
$\boxed{60}$
$\boxed{76}$

③ $48 + 58 = \boxed{106}$
$\boxed{2}$ $\boxed{56}$
$\boxed{50}$
$\boxed{106}$

$48 + 58 = \boxed{106}$
$\boxed{46}$ $\boxed{2}$
$\boxed{60}$
$\boxed{106}$

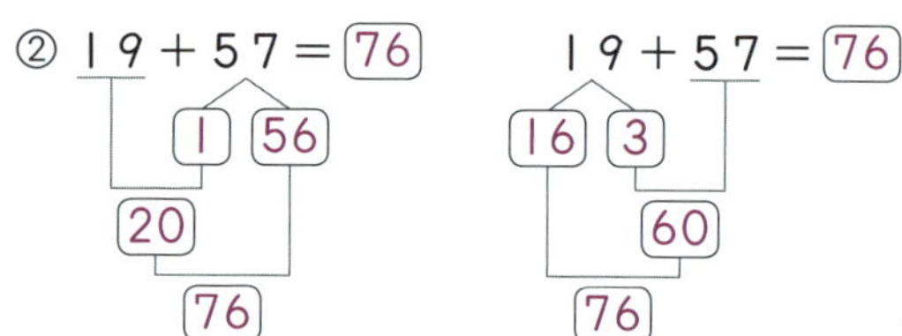

20

20단계 Ⓐ

① 100   ② 300   ③ 1000   ④ 100
⑤ 600   ⑥ 1000   ⑦ 100   ⑧ 900
⑨ 1000   ⑩ 100   ⑪ 500   ⑫ 100
⑬ 1000   ⑭ 100   ⑮ 800

20단계 Ⓑ

① 1   ② 4   ③ 3   ④ 1
⑤ 7   ⑥ 4   ⑦ 5   ⑧ 2
⑨ 8   ⑩ 0

① 7 / 77　　② 9 / 39

③ 8 / 58　　④ 5 / 85 / 485

두 수의 합이 100이 되려면
일의 자리 수끼리의 합이 10이 되고, 일의 자리에서
10이 되어 받아올림한 1과 십의 자리 수끼리의 합도
10이 되어야 합니다.

① 일의 자리: $\square$＋3＝10 ➡ $\square$＝7
　십의 자리: 1＋$\square$＋2＝10 ➡ $\square$＝7

② 일의 자리: 1＋$\square$＝10 ➡ $\square$＝9
　십의 자리: 1＋6＋$\square$＝10 ➡ $\square$＝3

③ 일의 자리: 2＋$\square$＝10 ➡ $\square$＝8
　십의 자리: 1＋4＋$\square$＝10 ➡ $\square$＝5
　백의 자리: 1＋1＝2

④ 일의 자리: 5＋$\square$＝10 ➡ $\square$＝5
　십의 자리: 1＋1＋$\square$＝10 ➡ $\square$＝8
　백의 자리: 1＋5＋$\square$＝10 ➡ $\square$＝4

21

21단계 Ⓐ　107쪽

① 7　　② 6　　③ 5　　④ 5

⑤ 3　　⑥ 5　　⑦ 1　　⑧ 3

⑨ 1　　⑩ 5　　⑪ 4

(위에서부터)

① 2, 6　② 7, 2　③ 1, 7　④ 2, 2

⑤ 4, 9　⑥ 8, 1　⑦ 7, 6　⑧ 6, 4

⑨ 5, 7　⑩ 8, 8　⑪ 6, 8　⑫ 5, 8

① 16에 ○표 / 16　　② 37에 ○표 / 37

③ 55에 ○표 / 55　　④ 58에 ○표 / 58

⑤ 49에 ○표 / 49　　⑥ 64에 ○표 / 64

② 38＋$\square$＝75
　8과 더해서 15가 되는 수는 7입니다.
　➡ 38＋37＝75

③ $\square$＋68＝123
　8을 더해서 13이 되는 수는 5입니다.
　➡ 55＋68＝123

⑤ 62＋$\square$＝111
　1＋6＝7에서 7과 더해서 11이 되는 수는 4입
니다.
　➡ 62＋49＝111

⑥ $\square$＋39＝103
　1＋3＝4에서 4를 더해서 10이 되는 수는 6입
니다.
　➡ 64＋39＝103

22

① 365   ② 472   ③ 740

④ 476   ⑤ 867   ⑥ 865

⑦ 6   ⑧ 9   ⑨ 1

⑩ 3   ⑪ (위에서부터) 3, 3

⑫ (위에서부터) 3, 7

① $37 + 25 = \boxed{62}$
$\boxed{57}$
$\boxed{62}$

② $37 + 25 = \boxed{50} + \boxed{12}$
$= \boxed{62}$

③ $86 + 58 = \boxed{144}$
$\boxed{136}$
$\boxed{144}$

④ $86 + 58 = \boxed{130} + \boxed{14}$
$= \boxed{144}$

⑤ $19 + 46 = \boxed{65}$
$\boxed{1}$ 45
$\boxed{20}$
$\boxed{65}$

⑥ $19 + 46 = \boxed{65}$
15 $\boxed{4}$
$\boxed{50}$
$\boxed{65}$

⑦ $74 + 97 = \boxed{171}$
6 $\boxed{91}$
$\boxed{80}$
$\boxed{171}$

⑧ $74 + 97 = \boxed{171}$
71 $\boxed{3}$
$\boxed{100}$
$\boxed{171}$

① 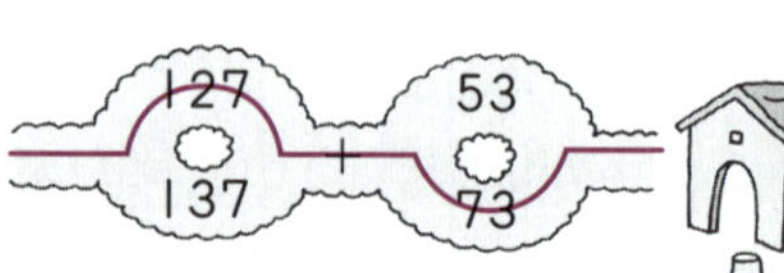

② 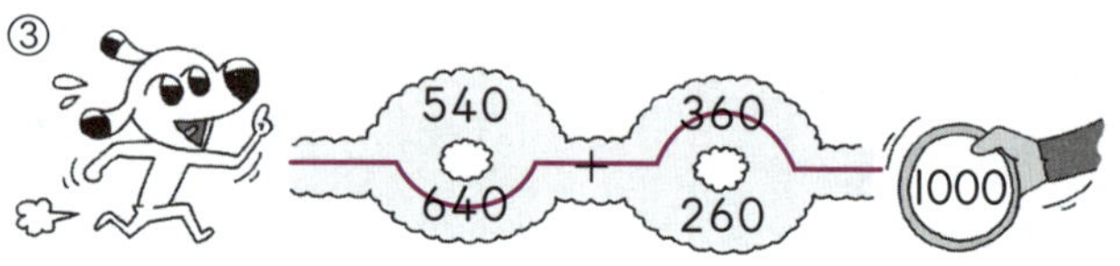

③

❶2	5	❷4			❹1	
		0			0	
	❸1	6	0		0	
				❺3	0	0
❻1	1	❼5				
		2		❽1	6	6
		0				